LIEUTENANT-COLONEL DOMINÉ

JOURNAL DU SIÈGE

DE

TUYEN - QUAN

(23 novembre 1884-3 mars 1885)

*Avec un plan de la forteresse
d'après un croquis du lieutenant-colonel DOMINÉ*

2ᵉ ÉDITION

PARIS | LIMOGES
11, Place Saint-André-des-Arts | Nouvelle route d'Aixo, 50.

IMPRIMERIE, LIBRAIRIE ET PAPETERIE MILITAIRES

Henri CHARLES - LAVAUZELLE

Libraire-Editeur.

1885

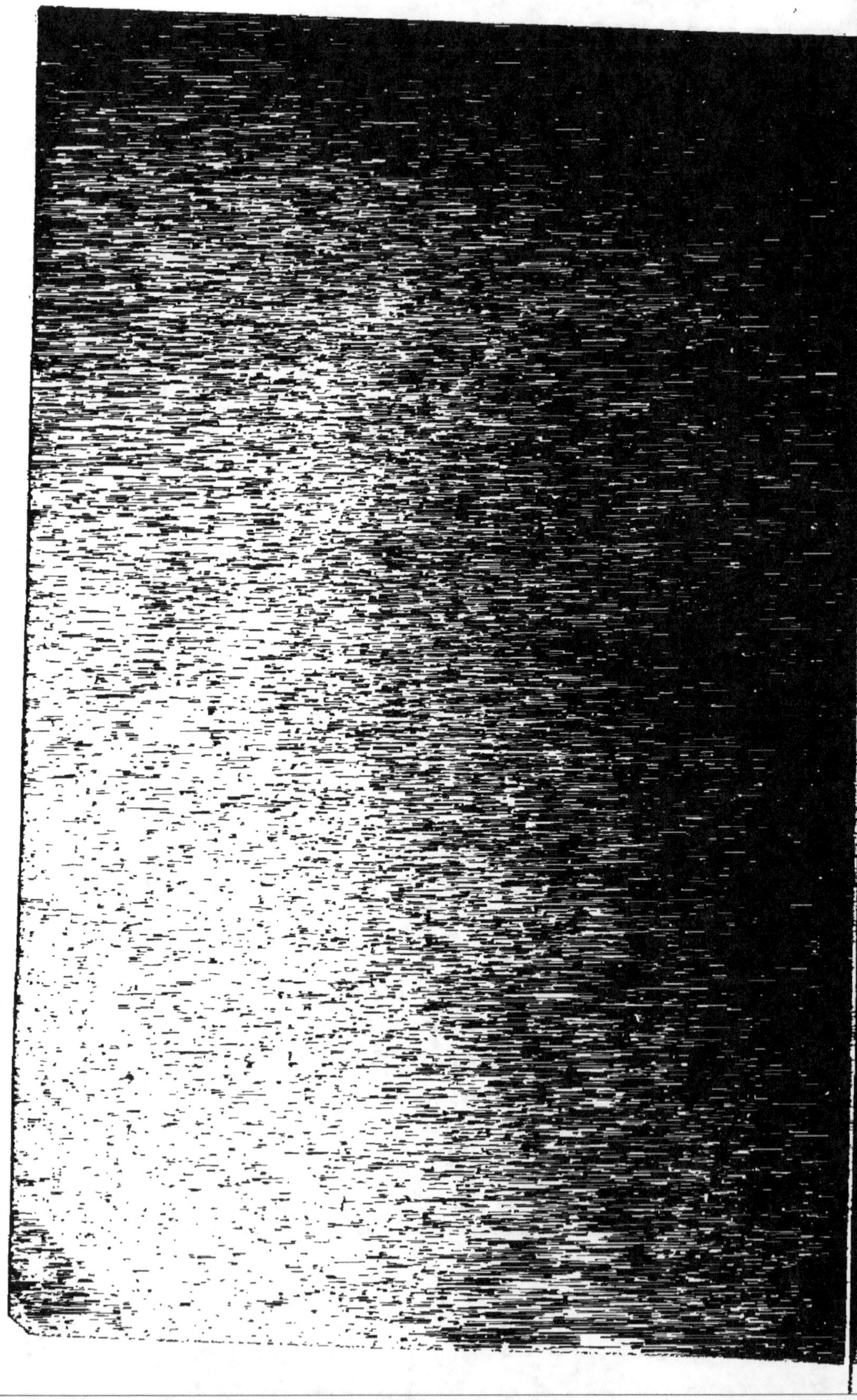

JOURNAL DU SIÈGE

DE

TUYEN-QUAN

PETITE BIBLIOTHÈQUE DE L'ARMÉE FRANÇAISE

LIEUTENANT-COLONEL DOMINÉ

JOURNAL DU SIÈGE

DE

TUYEN - QUAN

23 novembre 1884-3 mars 1885.

PARIS
11, Place Saint-André-des-Arts

LIMOGES
Nouvelle route d'Aixe, 50.

IMPRIMERIE, LIBRAIRIE ET PAPETERIE MILITAIRES

Henri CHARLES-LAVAUZELLE

Libraire-Editeur,

1885

PRÉFACE

La première édition de ce petit livre a été enlevée en quelques jours. La préface de cette première édition se composait des trois lignes suivantes :

Le Ministre de la guerre a donné l'ordre de publier *in extenso* et dans son éloquente simplicité le journal de siège de Tuyen-Quan.

C'était tout dire. Le lecteur a vu ensuite, et a jugé. Certains livres n'ont point besoin de préface, car la préface est la politesse de l'auteur, et l'auteur c'est le lieutenant-colonel Dominé, admirable soldat, incarnation du dévouement et de l'héroïsme de l'armée à laquelle il appartient, que le Ministre de la guerre a présenté à la France entière.

Insister serait de trop. Nous prévenons le lecteur qu'il va s'extasier d'un bout à l'autre; il verra les prodiges accomplis par une poignée de braves, luttant pendant trente-six jours contre une armée dans une bicoque cernée de toutes parts, repoussant victorieusement sept assauts, perdant le tiers de leur effectif et presque tous leurs officiers.

Comme l'a dit si éloquemment dans son ordre du jour le général en chef du corps expéditionnaire du Tonkin, après les sanglants combats qui ont préludé à la levée du siège : « La garnison de Tuyen-Quan fait l'admiration des braves troupes qui l'ont dégagée au prix de tant de fatigues et de sang versé. »

Et il ajoutait en s'adressant à tous :

« Demain, vous serez acclamés par la France entière. »

Le général Brière de l'Isle ne se trompait pas ; la France entière a poussé des exclamations d'admiration et d'orgueil.

C'est à ce concert d'acclamations qu'a voulu s'associer l'éditeur de ce petit livre.

Il croit avoir fait son devoir, car des rapports tels que celui du colonel Dominé doivent être burinés par l'histoire, et rester comme des monuments éternels. Il a donc édité un de ces petits livres qui doivent être dans toutes les bibliothèques.

JOURNAL DU SIÈGE

DE

TUYEN-QUAN

23 novembre.

Départ de la colonne Duchesne.

La garnison de Tuyen-Quan reste composée de la manière suivante :

Deux compagnies de la légion : 8 officiers, 390 hommes.

Artillerie de marine (1re section de la 2e batterie *bis*) : 1 officier, 31 hommes.

Génie (4e régiment) : 8 hommes.

Infirmiers (15e section) : 3 hommes.

Ouvriers d'administration (15e section) : 3 hommes.

Tirailleurs tonkinois (1er régiment, 8e compagnie) : 2 officiers, 162 hommes.

L'approvisionnement du poste est, à cette date, constitué ainsi qu'il suit :

Munitions.

Pour les 2 canons de 4 rayés de montagne : 212 obus ordinaires, 92 obus à balles, 52 boîtes à mitraille.

Pour les 2 canons de 80 millimètres : 178 obus à balles, 200 obus ordinaires.

Pour les deux hotchkiss : 1,526 obus ordinaires, 200 boîtes à mitraille.

266,112 cartouches d'infanterie, modèle 1874, outre les cartouches portées par les hommes.

Outils.

27 pioches.
40 pelles.
4 haches.
La légion n'a pas d'outils de compagnie.

Vivres.

Biscuit, 16 jours pour l'effectif de la garnison.

Farine, 101 jours pour l'effectif de la garnison.

Vin, 119 jours pour l'effectif de la garnison.

Tafia, 128 jours pour l'effectif de la garnison.

Café, 118 jours pour l'effectif de la garnison.

Thé, 124 jours pour l'effectif de la garnison.

Sucre, 118 jours pour l'effectif de la garnison.

Conserves de bœuf, 107 jours pour l'effectif de la garnison.

Lard salé, 39 jours pour l'effectif de la garnison.

Fayols, 39 jours pour l'effectif de la garnison.

Légumes secs, 39 jours pour l'effectif de la garnison.

Sardines à l'huile, 23 jours pour l'effectif de la garnison.

Riz (ration française), 60 jours pour l'effectif de la garnison.

Riz (ration indigène), 60 jours pour l'effectif de la garnison.

Fromage, 1|2 jour pour l'effectif de la garnison.

Sel, 119 jours pour l'effectif de la garnison.

Bœufs, 25 bœufs.

24 novembre.

Déclaration de l'état de siège.

Un conseil de défense et un comité de surveillance des approvisionnements de siège sont constitués et composés de la manière suivante :

Conseil de défense.

Commandant Dominé, président ;
Capitaine Cattelin, de la légion, membre ;
Lieutenant Derappe, commandant l'artillerie, membre ;
Sergent Bobillot, chef du génie, membre.

Comité de surveillance des approvisionnements de siège.

Médecin-major de 1re classe Vincent, président ;

Capitaine Cattelin, membre ;

Lieutenant Derappe, commandant l'artillerie, membre ;

Sergent Bobillot, chef du génie, membre ;

Gauthier de Rougemont, chargé du service administratif, membre.

Sur l'invitation du colonel Duchesne, un détachement est envoyé, à six heures et demie du matin, à Yuoc, pour détruire le barrage construit par les Pavillons-Noirs sur la rivière Claire. Ce détachement est composé de deux groupes : le premier, chargé de la destruction du barrage, comprend 25 coolies (tout ce qu'on a pu trouver), munis de cordes et de perches, et une escorte de 15 hommes de la légion ; il est placé sous la direction du second de la *Mitrailleuse* et se rend à destination sur une jonque ; le deuxième groupe est formé d'une compagnie de la légion, chargée de protéger l'opération.

L'opération ne réussit qu'à moitié ; la jonque, coulée en travers de la rivière, n'est que déplacée, mais elle ne peut être enlevée. En l'état où se trouve alors le barrage, il n'est plus, d'après l'affirmation du second de la *Mitrailleuse*, un obstacle pour le passage.

Le détachement rentre à 4 heures du soir à Tuyen-Quan. En arrivant à hauteur de Yuoc, il a rencontré un groupe de 15 Chinois armés de fusils, sur lequel l'avant-garde de la compagnie de la légion a fait feu et qui s'est replié dans la direction de Phu-an-Binh.

25 novembre.

Une reconnaissance d'un peloton de la légion est envoyée, dans l'après-midi, aux villages de Yla et de Tuong-Mou ; 15 tirailleurs tonkinois sont adjoints à cette reconnaissance : elle a pour mission de s'assurer que les habitants ne construisent pas les cagnous qui ont été inondées par la colonne Duchesne, de protéger la récolte de riz et veiller à ce qu'il soit rapporté du côté de la citadelle.

D'après le rapport de la reconnaissance, les Pavillons-Noirs ne sont pas revenus à leurs anciens postes de Truong-Mou.

Le troupeau se trouvant réduit à 23 bœufs, le commandant de poste décide qu'il ne sera plus abattu qu'un seul de ces animaux tous les deux jours.

26 novembre.

Rien à signaler.

27 novembre.

Le commandant de poste reçoit de Phu-Doan avis que :

10,000 Pavillons-Noirs sont à Than-Quan.

2,000 Pavillons-Noirs sont à Phu-an-Binh et 1,000 aux environs de Phu-Doan.

Ce renseignement est immédiatement communiqué au commandant de la 2e brigade et au commandant du poste de Hong-Hoa.

28 novembre.

Rien à signaler.

29 novembre.

Reconnaissance d'un peloton de la légion et de 15 tirailleurs tonkinois, envoyée le matin à Dong-Yen ; même mission que la reconnaissance envoyée le 25 à Yla.

30 novembre.

Reconnaissance envoyée dans l'après-midi à Yla; même composition et même mission que celle de la veille.

1er décembre.

Les espions de Dong-Yen font connaître que, dans la matinée, 20 Pavillons-Noirs sont passés à ce village, se rendant dans la direction de Phu-an-Binh.

Le soir, ils signalent l'arrivée à Dong-Yen de 200 Pavillons-Noirs, venus de Ung-Di par Yla, comme les précédents.

2 décembre.

Une reconnaissance composée d'une compagnie de la légion et de 20 tirailleurs tonkinois est envoyée à six heures du matin à Dong-Yen. Elles n'y trouve plus les Pavillons-Noirs signalés la veille, lesquels se sont repliés en arrière de Yla, à l'entrée des forêts.

Dans l'après-midi, une dépêche du commandant Bougnié, de l'infanterie de marine, annonce l'arrivée d'un convoi de deux mois de vivres pour la garnison; convoi qu'il est chargé d'escorter avec une compagnie d'infanterie de marine et la canonnière l'*Eclair*.

Il fait connaître que le convoi sur jonques et sampans a dû s'arrêter à 4 kilomètres au-dessous de Yuoc ; l'*Eclair* n'ayant pu le remorquer plus haut à cause de la baisse des eaux. Il demande en même temps qu'une compagnie de la légion soit envoyée au mouillage en question pour prendre 33 bœufs que l'*Eclair* a amenés à son bord et pour protéger le passage devant Yuoc des jonques et sampans qui seront dirigés librement sur Tuyen-Quan.

3 décembre.

La compagnie de la légion qui devait aller à Yla pour reconnaître la position des Pavillons-Noirs est, conformément à l'invitation du commandant Bougnié, dirigée sur Yuoc. En arrivant à un tournant du chemin dans la forêt, cette compagnie (compagnie Moulinay) est accueillie par plusieurs coups de feux partant d'une position primitivement fortifiée et dont les défenses avaient été détruites par la compagnie envoyée le 25 à Yuoc pour la destruction du barrage. Cette position couvre la naissance d'un chemin qui mène à Phu-an-Binh. Aucun homme ne fut atteint par ces coups qui passèrent tous au-dessus de la compagnie.

Cette compagnie atteint le mouillage de *l'Eclair*, et le soir, à 4 heures 1/2, elle rentre à Tuyen-Quan sans nouvel incident, ramenant les 33 bœufs. Sous sa protection, les sampans et les jonques ont franchi le passage dangereux de Yuoc.

Dans la matinée du 3, une quarantaine de Pavillons-Noirs, drapeaux en tête et avec accompagnement de trompettes, viennent faire une démonstration jusqu'à 2 kilomètres environ de la citadelle.

4 décembre.

A une heure du matin arrivent les sampans; les jonques ont dû s'arrêter au coude de la Rivière-Claire, à 4 kilomètres environ de Tuyen-Quan, ne pouvant remonter le courant.

Dans la journée, on décharge les sampans qui, une fois vides, retournent aux jonques pour prendre une partie de leur chargement.

Tous les hommes disponibles sont employés à ce travail, et, malgré l'urgence, il est impossible de faire ce jour-là une reconnaissance.

Le commandant Bougnié fait connaître que l'*Eclair* est allée à Phu-Doan et qu'elle reviendra le lendemain au même mouillage avec 33 autres bœufs. Il demande qu'une autre compagnie de la légion soit envoyée le lendemain à ce point pour prendre ces animaux.

En raison des fatigues imposées à la garnison de Tuyen-Quan par son service habituel et par le déchargement des jonques, le commandant du poste demande au commandant Bougnié de faire escorter les bœufs jusqu'à moitié chemin de Tuyen-Quan, c'est-à-dire jusqu'à la sortie des bois, point où ils seraient pris par un détachement de la garnison.

5 décembre.

Les grosses jonques, allégées, parviennent à Tuyen-Quan et sont déchargées dans la journée.

En réponse à la demande qui lui a été adressée la veille, le commandant Bougnié fait connaître qu'il lui est impossible, en raison de l'état de fatigue de ses hommes, de mettre à terre aucune fraction de l'escorte qu'il commande. Des ordres sont alors donnés dans la journée pour qu'une compagnie de la légion aille le lendemain chercher les bœufs. Ordre est également donné aux 70 hommes d'infanterie de marine qui ont escorté les jonques de repartir le lendemain matin sur ces embarcations.

6 décembre.

Les émissaires envoyés à Yuoc ayant fait connaître la veille, dans la soirée, qu'un groupe de

Chinois est établi au tournant où a déjà été as-
saillie la compagnie Moulinay, la compagnie de
la légion, chargée d'aller chercher les bœufs,
au lieu de prendre la voie de terre, s'embarque
sur les jonques avec l'infanterie de marine, ce
qui lui permet d'éviter le passage en question.
Elle a ordre de débarquer avant le point où les
Chinois ont établi leur premier retranchement,
et à partir de ce moment, de se rendre par voie
de terre jusqu'au mouillage de l'*Eclair*, flanquant ainsi les jonques sur lesquelles doit rester l'infanterie de marine.

L'aller et le retour (celui-ci se faisant par
voie de terre) ont lieu sans encombre, et à deux
heures de l'après-midi, la compagnie de la légion et les 15 tirailleurs tonkinois rentrent à
Tuyen-Quan.

Pour le retour, le détachement de la garnison
de Tuyen-Quan avait été accompagné presque
jusqu'à la sortie des bois, par une compagnie
d'infanterie de marine amenée de Phu-Doan
avec l'*Eclair*, au second voyage de cette canonnière.

7 décembre.

Des renseignements apportés la veille par des
espions, ont fait connaitre que les Chinois sont
revenus en grand nombre au point où le chemin

de Ung-Di pénètre dans les forêts. Une reconnaissance, composée d'une compagnie de la légion et de 30 tirailleurs tonkinois, est envoyée de ce côté pour déterminer les positions occupées par l'ennemi.

La reconnaissance, partie à cinq heures du matin, arrive au point du jour à Yla, bouscule les avant-postes chinois établis à la lisière de ce village du côté de Tuyen-Quan, et gagne la lisière extérieure des bois en arrière de Yla; elle aperçoit, sur les hauteurs boisées entre lesquelles s'engage le chemin de Ung-Di, deux ouvrages en construction; les Chinois ou Pavillons-Noirs se sont déployés sur ces hauteurs et ils occupent le mamelon sur lequel s'élève le fortin imparfaitement détruit dans la journée du 20 novembre. La reconnaissance entend, en même temps, de grands cris sur sa droite; ces cris partent d'un rideau de bois que précède un ravin presque infranchissable.

Le capitaine Moulinay, qui commande la reconnaissance, estime à 500 environ le nombre des Chinois qu'il a vus sur les hauteurs.

Conformément aux instructions reçues, la reconnaissance ne s'engage pas; elle revient à la citadelle où elle est de retour à neuf heures.

Dans la journée, on aperçoit une grande ligne de fumée du côté du ravin, d'où la reconnaissance a entendu partir des cris.

Le soir, des espions, envoyés de ce côté, viennent rendre compte que 7 à 800 Pavillons-Noirs sont derrière le ravin et qu'ils y installent un campement. Les Chinois établis sur les hauteurs sont, disent-ils, des réguliers.

8 décembre

A partir du 8 décembre, l'approvisionnement de viande fraîche étant reconstitué, il est abattu un bœuf chaque jour, sauf les mardis, jours où ont lieu les distributions de lard. Chaque jour de distribution de viande fraîche, la ration est complétée en viande de conserve.

9 décembre.

Une patrouille de 30 tirailleurs tonkinois, commandée par le sergent-major de Bergues, envoyée dans la journée du côté de Yla, parvient à s'approcher, sans être vue, d'un petit poste chinois et s'empare d'une sentinelle.

Les renseignements fournis par le prisonnier confirment ceux qui ont été donnés par les espions.

10 décembre.

Rien à signaler.

11 décembre.

Commencement de la construction d'un blockhaus pour 20 hommes, sur un mamelon situé à 300 mètres de la citadelle.

La construction dudit blockhaus a pour but de tenir la hauteur la plus rapprochée de la place et par ses feux d'empêcher l'adversaire de s'établir sur les hauteurs voisines. Changement apporté dans le mode de distribution des légumes secs en remplacement de l'indemnité de 5 cent. En raison de l'impossibilité où les ordinaires se trouvent de faire des achats sur place dans un pays épuisé, le commandant du poste décide qu'il sera fait par semaine quatre distributions de légumes secs au lieu de deux.

Une reconnaissance composée de 30 tirailleurs tonkinois et de 20 légionnaires, sous le commandement de M. le lieutenant Goullet, des tirailleurs tonkinois, est envoyé du côté du village de Yen. Elle a pour mission de s'approcher du ravin derrière lequel on a déjà constaté la présence de Pavillons-Noirs et de chercher à déterminer l'extrémité de leur ligne.

La reconnaissance, après avoir dépassé Yen, s'avance jusque près du ravin par un chemin qui le traverse. Mais l'approche de la reconnaissance est signalée par un petit poste qui fait feu; de grands cris se font entendre derrière le chemin. Conformément aux instructions reçues, la reconnaissance, pour ne pas s'engager, retourne sur ses pas. Par cette opération on avait obtenu le résultat de savoir que la ligne des Pavillons-Noirs s'étendait à droite et à gauche de la direction principale par laquelle ils pouvaient être abordés.

12 décembre.

Rien d'important à signaler.

13 décembre.

A deux heures de l'après-midi, un groupe d'une quarantaine de Chinois, dirigés par deux chefs à cheval, s'avance en ordre dispersé sur le terrain qui s'étend entre le village de Yla et la ligne de mamelons ci-dessus à propos de la construction du blockhaus. La reconnaissance chinoise est déployée en tirailleurs; elle marche sur le blockhaus et s'en approche à 12 ou 1.500 mètres. Deux patrouilles sont envoyées pour essayer de lui couper la retraite; la première, composée de 20 légionnaires, prend par le chemin de Yen et suit la ligne des hauteurs; l'autre formée de 20 tirailleurs tonkinois se porte vers la droite des Chinois pour la déborder, en profitant, pour se dissimuler, d'une longue haie très touffue et très épaisse qui coupe le terrain à peu près à égale distance entre Tuyen-Quan et Yla. Les Chinois s'aperçoivent à temps de ces mouvements et battent en retraite. Pendant toute cette opération, ils restent en ordre dispersé et aucune occasion ne se présente de leur envoyer un projectile d'artillerie.

14 décembre.

Rien à signaler.

15 décembre.

Achèvement de la construction du blockhaus, qui est occupé le soir même. 70 hommes de la légion ont été employés journellement à ce travail, qui n'a pas demandé plus de 5 jours.

16 décembre.

Deux déserteurs chinois (appartenant à l'armée régulière) viennent se rendre dans la matinée à la citadelle. Leurs renseignements confirment les rapports précédents au sujet de la présence de 1,500 Chinois réguliers ou Pavillons-Noirs autour de Tuyen-Quan. Ces deux

Chinois appartiennent à un renfort de 500 hommes arrivé récemment de Laokai.

A onze heures du matin, les Chinois dirigent sur le blockhaus une reconnaissance semblable à celle de la veille; cette reconnaissance est repoussée par la garnison du blockhaus, qui tire à 600 mètres. Aucun des Chinois n'est atteint.

17 décembre.

A six heures et demie, une reconnaissance composée de 30 tirailleurs tonkinois et de 20 légionnaires sous le commandement de M. le lieutenant Goullet, des tirailleurs tonkinois, va de nouveau dans la direction de Yen; elle a pour mission de chercher un chemin plus rapproché de la Rivière-Claire que celui suivi le 11 décembre; chemin qui permettrait peut-être de gagner la gauche des campements chinois.

La reconnaissance ne trouve que des sentiers qui se perdent avant d'arriver à hauteur de Yen.

Des renseignements obtenus le même jour par des espions font connaître que les campements ennemis s'étendent jusqu'à la Rivière-Claire.

L'ennemi ayant envoyé, deux jours de suite, une reconnaissance vers le blockhaus, une embuscade composée de 30 tirailleurs tonkinois, sous le commandement du sergent-major de Bergues, est envoyée, à dix heures du matin, derrière la grande haie qui coupe la plaine entre Tuyen-Quan et Yla. L'embuscade était à peine installée qu'un groupe de 200 Chinois réguliers (costume avec caractères rouges) débouchent de Yla, marchant sur le blockhaus. Ce groupe (déployé en tirailleurs) était précédé, à 200 mètres, de deux éclaireurs suivant le chemin d'Yla à Tuyen-Quan. L'embuscade les laisse approcher et les tire à bout portant. Le gros de la reconnaissance chinoise continuant à avancer, les tirailleurs tonkinois se retirent et regagnent Tuyen-Quan en suivant la haie jusqu'au point où elle est coupée par le chemin de Dong-Yen. Les Chinois, d'ailleurs, ne dépassent pas cette haie, et font demi-tour, quelques minutes après l'avoir atteinte.

18 décembre.

Une nouvelle embuscade, composée de 20 tirailleurs tonkinois et d'un peloton de la légion, sous le commandement de M. le sous-lieutenant Proye, est renvoyée à neuf heures, derrière la haie.

A dix heures, les Chinois débouchent encore de Yla, au nombre de 50 environ. Ils font quelques centaines de mètres dans la direction de la haie; mais soit qu'ils aient éventé l'embuscade, soit pour tout autre motif, on les voit subitement prendre le pas de course pour rentrer à Yla.

A deux heures de l'après-midi, arrivée de quatre jonques chargées de vivres, pour porter à six mois l'approvisionnement de la place. Le convoi est escorté par un détachement d'infanterie de marine. Le commandant Bougnié, qui commande le poste de Phu-Doan, est venu à Yuoc avec deux compagnies pour protéger le passage du convoi à ce point dangereux, à l'aller et au retour.

19 décembre.

Départ à neuf heures du matin des jonques et de l'escorte.

20 décembre.

Le dernier convoi ayant apporté de l'alcoolé de quinquina (approvisionnement de deux mois pour l'effectif de la garnison), une distribution de vin de quinquina, conformément aux ordres du général en chef, remplace chaque jour, à partir du 20 décembre, la ration hygiénique de tafia.

21 décembre.

Les rapports des espions ont signalé la présence de 1,500 à 1,600 Chinois autour ³₃ Tuyen-Quan.

Pour contrôler ce renseignement, le commandant du poste fait faire, dans la matinée du 21, une reconnaissance offensive qu'il dirige vers Dong-Yen, c'est-à-dire sur le chemin de Phu-an-Binh.

Cette reconnaissance est composée de :
Une compagnie de la légion ;
Une pièce de 4 (approvisionnée à 30 coups);
30 tirailleurs tonkinois ;

Un détachement d'ambulance, sous le commandement du capitaine Cattelin, de la légion étrangère.

Cet officier a pour instructions de refouler les avant-postes ennemis établis, d'après les renseignements recueillis, au village de Dong-Yen et dans les bouquets de bois avoisinants, de gagner ensuite la lisière opposée des couverts, et de là de tâter la position principale de l'ennemi, soit par des patrouilles, soit au moyen du tir de la pièce de 4.

La reconnaissance devra laisser en deçà de Dong-Yen un repli de la force d'un peloton.

A sept heures du matin, la reconnaissance part dans la direction qui lui a été indiquée. Le brouillard est très intense, et le capitaine Cattelin arrête son détachement à 500 mètres de Dong-Yen, pour attendre qu'il se soit dissipé.

A neuf heures et demie, le brouillard disparaît; le capitaine Cattelin aperçoit alors deux fortins sur la gauche et en arrière de Dong-Yen; il les prend comme point de direction, laissant Dong-Yen sur sa droite.

Conformément aux instructions qu'il a reçues, il fait prendre position à un peloton à la lisière d'un petit bois, et avec l'autre il forme trois fortes patrouilles qui s'avancent sur un même front, suivant la direction du chemin du Phu-an-Binh, lequel passe tout près des fortins. Après avoir fait 5 ou 600 mètres, la ligne de patrouilles tombe sur un petit poste chinois qui s'enfuit immédiatement. Le petit poste est poursuivi, mais après avoir fait quelques pas, les patrouilles sont accueillies par un feu très vif partant d'une tranchée qui barre la route à 200 mètres environ de l'emplacement du petit poste. En deux bonds, la ligne de patrouilles déployée atteint le retranchement et en chasse les défenseurs à la baïonnette. Les Chinois tentent un retour offensif pour reprendre leurs morts et leurs blessés, mais ils sont repoussés par les feux de salve des légionnaires.

A ce moment, les assaillants se trouvaient pris en flanc par les feux d'un des fortins.

Les tirailleurs tonkinois qui sont à la droite de la légion font face à ces fortins, et, par leurs feux, en chassent les défenseurs.

Pour soutenir la ligne d'attaque, le capitaine Cattelin a fait avancer une des deux sections du repli, laquelle se trouve alors à 400 mètres du retranchement.

L'ennemi, en s'enfuyant, avait montré ses forces; le capitaine Cattelin estime que, tant dans la tranchée que dans les fortins, il y avait environ 500 Chinois. Le but de l'entreprise étant atteint de ce côté, le signal de la retraite est donné; le moment était d'ailleurs favorable, l'ennemi étant alors en fuite sur la route de Phu-an-Binh.

Le feu, durant cette action, avait été très vif; cette intensité de la fusillade à laquelle se mêlaient les coups de la pièce de 4, protégeant le retour de la ligne d'attaque, eut une conséquence très favorable au point de vue du but cherché. Tous les Chinois établis autour de la place sortirent de leurs campements, et du haut de la citadelle nous les vîmes se déployer sous nos yeux; leurs groupes couvraient la plaine à 4 kilomètres environ de la place et ils étaient certainement plus de 1,000. Toute cette foule prenait ensemble la direction de Yla pour se jeter sur les derrières de la reconnaissance.

Pour protéger le retour de celle-ci, un peloton de l'autre compagnie de la légion sort de la citadelle. Une demi-section de ce peloton occupe à 1,000 mètres de la place un pont de bambous sur lequel devait repasser la reconnaissance. Le reste du renfort s'avance jusqu'à hauteur du village de Ya-ho (à près de 3 kilomètres de la place), et prend position face à ce village, où l'on entendait déjà les cris des Chinois qui arrivaient. Sous la protection de ce renfort, devenu arrière-garde, la reconnaissance regagne le chemin de Dong-Yen et rentre à la citadelle. Pendant ce retour, l'ennemi qui tentait de déboucher de Yaho et ensuite de Yla fut contenu par la fusillade de l'arrière-garde et par le canon de la place.

Les pertes de l'ennemi dans cette affaire sont estimées au moins à 150 hommes. Les nôtres sont de 9 hommes blessés.

Le nombre des munitions consommées a été de :

15,000 cartouches d'infanterie,
24 obus de 4,
75 obus de Hotchkiss.

22 décembre.

Rien à signaler.

23 décembre.

Les rapports des espions font connaître qu'à la suite de l'affaire du 21, Lun-Vinh-Phuoc est venu lui-même à Dong-Yen avec un renfort de 500 Pavillons-Noirs.

24 décembre.

Une patrouille d'Annamites (fournie par le village de Tuyen-Quan) s'empare d'un Pavillon-Noir. Les rapports des espions au sujet de l'arrivée de Lun-Vinh-Phuoc sont confirmés par le prisonnier.

25 décembre.

Rien à signaler.

26 décembre.

Un Chinois régulier est pris sur le chemin de Dong-Yen par une patrouille de la légion étrangère.

Ce prisonnier donne les renseignements suivants :

3,200 Chinois sont réunis autour de Tuyen-Quan, 2,000 Pavillons-Noirs et 1,200 réguliers

de Kouang-Si. Les 1,200 réguliers sont sta-
tionnés dans les fortins de Dong-Yen ; les Pavillons-Noirs occupent les retranchements de
Truong-Mou, et les campements en arrière du
grand ravin qui, de Truong-Mou, va à la Rivière-
Claire.

A Than-Quan se trouvent 5,000 réguliers du
Yun-Nam, et la route de Tuyen-Quan à Phu-an-
Binh est jalonnée par des postes dans lesquels
se trouvent encore un millier de Pavillons-
Noirs.

27 décembre.

Rien à signaler.

28 décembre.

Rien à signaler.

29 décembre.

Le village construit pour recevoir tous les
Annamites qui se sont réfugiés sous la citadelle
est terminé, et les indigènes vont s'y installer ;
sauf sur la face qui regarde la citadelle, le village est entouré d'un mur en terre haut de 2 mètres et épais de 0^{m}50.

Les 80 coolies employés aux travaux de la

place sont organisés en milice pour la défense du village. Ils forment 4 sections commandées chacune par un caï.

La milice est commandée par le mandarin Nguyen dôn Bân, auquel les indigènes donnent le titre de capitaine annamite. Ce mandarin, qui paraît peu flatté de l'honneur qui lui est fait, a pour le seconder dans son commandement le doï des coolies Hang van Hinh du village de Yen, qui est un homme énergique et sachant se faire obéir.

C'est d'ailleurs à ce doï qu'est due la construction du village, le tong doï, qui est vieux et malade, opposant une inertie absolue à tous les ordres qui lui sont donnés.

L'armement des coolies consiste en lances de bambou appointées, le capitaine annamite a un fusil à répétition et un pistolet ; le doï a un fusil à piston.

30 décembre.

Rien à signaler.

31 décembre.

A 11 heures du matin, un groupe de 500 Chinois, venant des directions Truong-Mou et Yen, marche sur le blockhaus en ordre de combat.

Des drapeaux blancs (drapeaux personnels de Lun - Vin - Phuoc, d'après les renseignements donnés par les deux prisonniers) sont portés en avant de la ligne de tirailleurs. Arrivés à 1,500 mètres environ du blockhaus, les Chinois s'arrêtent et font demi-tour presque aussitôt après.

1er janvier.

Des espions font connaître que Lun-Vinh-Phuoc est retourné à Phu-an-Binh avec un groupe d'environ 1,500 Pavillons-Noirs. La démonstration de la veille a sans doute eu pour but de donner le change sur le mouvement exécuté par le chef des Pavillons-Noirs.

A huit heures du soir, le village est attaqué par un groupe de Chinois qui vient se buter contre les défenses dont le village est entouré.

2 janvier.

Une embuscade est tendue le soir au groupe de pagodes situé au sud-est du village; mais les Chinois ne reviennent pas.

3 janvier.

Une deuxième embuscade est tendue le soir à la petite pagode située sur le chemin de Dong-

Yen. Les Chinois ne se présentent pas plus que la veille.

4 janvier.

Depuis plusieurs jours, les Chinois ont pris l'habitude d'envoyer à onze heures du matin quelques groupes sur la ligne de mamelons dirigée suivant le chemin de Yen. Une embuscade de trente légionnaires est placée, à dix heures du matin, sur le plus éloigné de ces mamelons, dit « Mamelon fleuri. »

Un premier groupe de huit Chinois se dirige sur ce point à l'heure habituelle ; derrière lui un groupe plus fort s'est embusqué dans la broussaille à l'extrémité de la grande ligne de bois et de broussailles dite « Grande haie ». Le groupe d'éclaireurs arrive à 400 mètres de l'embuscade, qui est alors éventée, et la patrouille chinoise se retire alors sur Truong-Mou, d'où elle est venue.

5 janvier.

Rien à signaler.

6 janvier.

A partir du 5 janvier, l'indemnité de 5 centimes de légumes est remplacée par une distribution journalière de légumes secs (fayots et pois alternativement). Autorisation est également donnée de toucher du pain de soupe à titre remboursable.

7 janvier.

La face du village qui regarde la citadelle n'était protégée que par une haie à claire-voie (pour empêcher les Chinois qui auraient pris le village de se servir contre nous d'un mur mis en état de défense). Un grand abatis est fait pour empêcher l'adversaire d'aborder cette place.

8 janvier.

Rien à signaler.

9 janvier.

Rien à signaler.

10 janvier.

Dans la nuit du 9 au 10, à 2 heures du matin, le blockhaus est attaqué par un groupe de Chinois venus par le chemin de Yen. Le sergent qui commande le poste du blockhaus les laisse approcher jusqu'à 50 mètres et commence le feu sur eux. Quelques décharges suffisent pour mettre les Chinois en fuite. Le plus grand nombre se retire sur le troisième des mamelons qui jalonnent la route de Yen (3e en partant du blockhaus et le mamelon du blockhaus étant compté comme le 1er).

De ce mamelon ils tirent sur le blockhaus à 250 mètres et sur la citadelle à 600 mètres. Quelques Chinois perdus sans doute, au lieu de reprendre le chemin de Yen, sont descendus vers la citadelle; ils sont accueillis par une salve du poste de la demi-lune sud et s'enfuient par les marais.

Un groupe de Chinois était venu aussi par un second chemin de Yen, chemin qui traverse un mouvement de terrain assez prononcé au nord du premier. De l'extrémité de ce mouvement de terrain, le groupe en question tire à 400 mètres sur la citadelle.

Le feu des deux groupes ne dure guère plus d'un quart d'heure après la déroute des assaillants du blockhaus, et le restant de la nuit s'écoule tranquillement.

Au jour, on trouve sur le terrain où les Chinois se sont avancés pour l'attaque du blockhaus, un fusil à tabatière, plusieurs armes blanches, des sacs de poudre ou pétards et un millier de cartouches.

Dans l'après-midi, la reconnaissance qui a été envoyée sur le 2e chemin de Yen (chemin nord) s'empare de deux chevaux.

11 janvier.

Rien à signaler.

12 janvier.

Rien à signaler.

13 janvier.

Rien à signaler.

14 janvier.

Rien à signaler.

15 janvier.

Rien à signaler.

16 janvier.

Depuis trois jours, une patrouille chinoise

d'une quinzaine d'hommes vient régulièrement chaque jour vers dix heures du matin de Dong-Yen jusqu'à la « Grande-Haie » (au point où celle-ci est coupée par la route de Dong-Yen. Une embuscade de 30 hommes commandée par M. le sous-lieutenant Proye, de la légion étrangère, est envoyée sur le chemin de Dong-Yen au-delà de la Grande-Haie. Elle s'y rend par la communication défilée, indiquée sur le croquis ci-joint.

Arrivé au point indiqué, le commandant du détachement entend sur sa gauche et en arrière le bruit d'un mouvement d'un groupe assez considérable. Il se retire alors par le chemin déjà suivi pour l'ailer et se trouve suivi par une cinquantaine de Chinois. Parvenu à un arroyo qui lui sert de couvert, il s'arrête et embusque sa troupe qui laisse approcher les trois Chinois éclaireurs du groupe et les tue à bout portant. Les Chinois se déploient alors et viennent prendre position sur l'arroyo.

Le détachement, qui a reçu pour consigne de ne pas s'engager, se retire par la communication défilée sans être inquiété, les Chinois ne continuant pas leur poursuite.

17 janvier.

Depuis quelques jours, on aperçoit de grandes fumées dans le village de Yla. Les envoyés en reconnaissance rapportent qu'un renfort de 1,500 hommes est arrivé aux Chinois de Phu-an-Binh, et que ces 1,500 hommes s'installent aux villages de Ylo et de Yen.

18 janvier.

Rien à signaler.

19 janvier.

A huit heures du matin, un groupe d'environ 200 Chinois venant de Yen par la route sud s'avance vers le blockhaus et s'en approche à 300 mètres, une partie en suivant la ligne des mamelons et le reste en passant par les sentiers de la plaine. La ligne déployée des Chinois ouvre le feu sur le blockhaus et sur le mamelon de la citadelle. Ils se retirent vers onze heures du matin et à 2,000 mètres de la citadelle sur la route sud de Yen, ils démasquent un poste retranché à la lisière d'un bois. Ce poste a une avancée au mamelon du gros arbre vert; 4 coups de hotchkiss sont tirés sur le fort, mais ils restent sans résultat, quoique tirés à bonne distance, à cause de l'abri du retranchement, lequel parait très enterré.

A quatre heures et demie du soir, on aperçoit une longue colonne d'environ 600 hommes qui traverse la plaine à 4,000 mètres environ de la citadelle, se rendant de Yen à Yla.

20 janvier.

Même manœuvre des Chinois contre le block-haus et à la même heure ; ils se replient vers midi sur le poste retranché de la route de Yen, après avoir essuyé quelques coups de hotchkiss.

A trois heures de l'après-midi, une seconde colonne de 600 hommes se rend de Yen à Yla.

Deux coups de 80 sont tirés sur elle au moment où elle entre dans le village de Yla. Quoique ces coups paraissent bien porter, la colonne continue son mouvement sans se débander.

Dans l'après-midi, on découvre sur le chemin nord de Yen, au milieu des arbres, un poste retranché en palanques : ce poste paraît être à la hauteur du gros arbre vert, c'est-à-dire à 1,500 mètres environ du mamelon de la citadelle.

21 janvier.

A huit heures du matin, des groupes très nombreux, mais faibles et disséminés, se dirigent de Yla vers la grande ligne de bois qui partage la plaine entre Yla et la citadelle. Le nombre de Chinois venus de Yla est d'environ 500. De grands feux s'allument vers 10 heures sur toute la ligne des bois; il y a lieu de penser que les Chinois travaillent à une tranchée; mais, à cause du masque des arbres, il n'est pas possible d'en fixer la position. D'ailleurs, l'épaisseur du bois ne permettrait pas de repérer la distance avec le canon, et par conséquent il n'est pas possible, sans une consommation exagérée de munitions, de retarder le travail au moyen de l'artillerie.

Le soir, quelques groupes seulement de Chinois rentrent à Yla, ce qui indique que la grande ligne de bois reste occupée. Quelques coups de hotchkiss sont tirés sur les groupes qui rentrent à Yla; les groupes s'éparpillent aussitôt.

22 janvier.

Pendant la nuit, on a entendu le tam-tam des petits postes chinois sur toute la ligne des bois et jusqu'au poste de la route nord de Yen. De nombreux travailleurs arrivent encore de Yla dans la matinée vers la grande ligne des bois; mais ils sont éparpillés. Dans le but de ralentir le travail que les Chinois ont certainement entrepris sur cette ligne, on tire quelques coups de hotchkiss sur les Chinois qui se rendent au travail, mais on ne parvient pas à arrêter leur mouvement. Le soir, on tire encore quelques coups sur des travailleurs qui se groupent pour rentrer à Yla.

23 janvier.

Les travailleurs reviennent encore de Yla à la ligne des bois, et il en vient encore un plus grand nombre de Dong-Yen. Ces derniers passent par le village de Ya-Ho, où ils se chargent de branches d'arbres, de fascines et de bottes de paille. Dans toute la journée, la plaine est parsemée de travailleurs isolés entre Ya-Ho ou Yla et la ligne des bois.

On essaie encore d'arrêter ces allées et venues des travailleurs au moyen du hotchkiss, mais sans résultats ; on ne tire d'ailleurs que très peu.

Dans la matinée, la ligne des Chinois qui protège le travail ouvre le feu contre le blockhaus, de la lisière des bois ; ce feu est appuyé par le tir d'une batterie de 4 fusils de rempart, auxquels on ne répond pas.

24 janvier.

Le travail des Chinois semble s'arrêter. La ligne qui occupe la lisière des bois tiraille comme la veille ; la batterie de rempart tire 38 coups sur le blockhaus ; un seul coup atteint cet ouvrage sans l'entamer.

Quelques coups de hotchkiss et un coup de

80 sont tirés sur plusieurs groupes qui, dans l'après-midi, circulent entre la ligne des bois et Yla.

25 janvier.

Le travail suspendu la veille reprend avec plus d'activité. Plus d'un millier d'hommes de corvée vont et viennent toute la journée entre Ya-Ho et la ligne des bois. Les Chinois auraient-ils l'intention d'attaquer la place pied à pied ?

Pour arrêter le travail, on tire de la place 41 coups de hotchkiss et quelques coups de 80 ; plusieurs coups heureux mettent hors de combat une douzaine de Chinois ; mais le travail n'en continue pas moins. Dans la journée, on aperçoit sur la route de Phu-an-Binh, à 5 kilomètres de la place, un camp d'une soixantaine de tentes.

A la longue-vue, on distingue les différents uniformes des Chinois ; les uns ont un vêtement noir orné de bleu, les autres un vêtement noir avec une bordure rouge, d'autres un vêtement gris fer, un certain nombre portent un costume tout rouge, d'autres un costume bleu de ciel ; enfin, un groupe porte une sorte de blouse bleu foncé ; ces derniers sont sans doute des Pavillons-Noirs.

D'après les renseignements qu'a pu se procurer le Thong-hoï, le nombre des Chinois réunis autour de Tuyen-Quan est de 5.000, et Luh-Vin-Phuoc, avec 2,000 Pavillons-Noirs, occupe le défilé de Yuoc.

26 janvier.

A 5 heures et demie du matin, des coups de fusil partent dans la direction du village annamite qui est subitement incendié ; les habitants se réfugient sous les murs de la citadelle et sur la rive droite du fleuve, à l'abri du cantonnement des tirailleurs tonkinois. L'approche des Chinois n'avait pas été signalée par les habitants du village.

Les Chinois sortant du village s'avancent jusqu'au mamelon de la pagode démolie, dite pagode de la Compagnie chinoise ; ils essuient alors le feu des tirailleurs tonkinois et se replient dans le village. Une partie s'établit dans les rochers qui sont au pied de la berge de la rive droite, à hauteur du village, et de là tirent sur la *Mitrailleuse*. Cette canonnière prend alors son poste de combat au milieu de la rivière et, de concert avec les tirailleurs tonkinois, répond au feu dirigé sur elle.

Le piquet de la garde de la citadelle se porte alors au rempart qui se trouve garni par une compagnie sur tout le pourtour.

Un quart d'heure environ après l'attaque tentée contre le baraquement des Tonkinois, deux autres attaques se dessinent, l'une contre la baie nord de la citadelle et l'autre contre le blockhaus. Du côté de la face nord, les Chinois ayant fait un mouvement tournant s'avancent défilés par les berges de la rive droite de la Rivière Claire, le long de la rivière découverte par suite de la baisse des eaux ; la colonne venue de ce côté est estimée à un millier d'hommes par le capitaine de la *Mitrailleuse* qui, par sa position, pouvait la découvrir tout entière. A 100 mètres environ de la citadelle, la tête de la colonne quitte le bord de la rivière pour gagner le chemin. Elle est accueillie par les feux de la face nord. En même temps, la *Mitrailleuse* tire à mitraille sur la partie de la colonne qui n'a pas encore quitté le bas de la berge. Ces deux feux combinés produisent un effet foudroyant ; la colonne chinoise se rompt aussitôt ; ceux qui se trouvent sur le chemin cherchent un abri derrière tous les obstacles du terrain. Les pièces de 4 du mamelon tirent sur ses abris, et lorsque les Chinois les quittent pour se retirer un à un, ils se trouvent en butte au feu des tireurs de position (choisis parmi les meilleurs de la légion) qui occupent le mamelon.

Contre le blockhaus, trois colonnes étaient dirigées simultanément, la première venant de la grande pagode, la deuxième de la direction de Yen et la troisième de la direction de Yen par la ligne des mamelons : chacune de ces colonnes était forte de 300 hommes environ. Le poste du blockaus, 18 hommes commandés par le sergent Liber, de la légion, les tient toutes les trois à distance ; les deux premières se retirent au bout d'une demi-heure ; mais la troisième, qui a pris position sur le mamelon à 200 mètres du blockhaus, y reste jusqu'à dix heures du matin, et de là tire sur cet ouvrage et sur la citadelle. La face ouest de la citadelle, en flanquant le blockhaus, avait contribué à la retraite rapide des deux premières colonnes. L'artillerie, du haut du mamelon de la citadelle, avait tiré avec les hotchkiss sur toutes les colonnes chinoises.

Du côté de la face sud, les Chinois, profitant du terrain couvert, s'établissent derrière la digue qui relie la grande pagode au fleuve et au village annamite. Ils y exécutent immédiatement une tranchée, et leur ligne d'investissement se trouve de ce côté n'être plus qu'à 550 mètres du cantonnement des tirailleurs tonkinois.

Le nombre des morts de l'ennemi dans cette journée ne peut être apprécié d'une façon exacte ; une reconnaissance poussée dans l'après-midi en avant de la face nord a trouvé sur le terrain

8 cadavres et un pavillon; de nombreuses taches de sang marquaient la ligne de retraite.

De notre côté, nous avons eu deux blessés appartènant tous deux au poste du blockhaus : le caporal Kummer, de la légion, et un tirailleur tonkinois.

Pendant tout le restant de la journée, les Chinois, de leur nouvelle ligne d'investissement, ne cessent de tirer sur les tirailleurs tonkinois et sur la citadelle, dans laquelle les projectiles tombent de toutes parts.

Le travail des Chinois ne se ralentit pas de toute l'après-midi; des fascines et des branches d'arbre sont apportées sur la ligne d'investissement. Il n'y a plus à en douter, c'est une attaque pied à pied qui se prépare.

De notre côté, nous complétons le travail de défilement des communications et du logement.

27 janvier.

Pendant la nuit du 26 au 27 et pendant toute la journée du 27, les Chinois continuent le bombardement de la citadelle avec leurs fusils de rempart qui sont au nombre de 10.

Au milieu de la nuit, une attaque de vive force est tentée contre le cantonnement des tirailleurs tonkinois ; les Chinois se lancent en poussant de grands cris sur la face sud de leur baraquement ; mais ils sont repoussés par les feux croisés des Tonkinois et des postes de la face sud de la citadelle. Un peu après, une attaque est dirigée contre le blockhaus ; cette attaque est également repoussée.

La veille au soir, de grands feux ont été allumés par les Chinois dans la grande pagode et dans la pagode de la route de Yuoc ; les pièces de 80 millimètres ont été pointées avant la tombée de la nuit sur ces deux points ; à 5 heures du matin, un obus à balles est envoyé dans chacune des deux pagodes que les Chinois abandonnent en poussant de grands cris.

La journée du 27 est employée activement, comme celle du 26, à la continuation des ouvrages de défilement. Comme il y a lieu de prévoir l'occupation par l'ennemi de la rive gauche, un chemin couvert allant de la porte d'entrée de la citadelle au fleuve est fait, afin de protéger les hommes de corvée qui vont à l'eau.

Dans la journée, il n'est répondu au bombardement que par le feu de quelques tireurs de position ; ces derniers prennent pour objectif les travailleurs ennemis qui se montrent à découvert sur la ligne retranchée que les Chinois construisent entre la grande pagode et la lisière sud du village annamite (distance de tir, 700 et 750 mètres) ; ce feu des tireurs de position est très efficace, et, dans le courant de la journée, on constate l'enlèvement de 8 hommes mis hors de combat.

Comme nous, d'ailleurs, les Chinois ont des tireurs de position, placés en arrière du village annamite, qui, par leur feu, rendent impraticables pour les hommes à découvert la face sud du mamelon, la partie de la citadelle comprise entre le pied du mamelon et les faces sud des baraques de la 2ᵉ compagnie de la légion.

Les murs de clôture en briques faits précédemment autour des baraques de la 2ᵉ compagnie pour garantir les hommes contre le froid sont maintenant de la plus grande utilité contre les balles ; mais leur résistance est à peine suffisante contre les projectiles des fusils de rempart. et des gabions sont préparés pour le revêtement intérieur des baraques. De nouveaux parados et de nouvelles traverses sont faits sur le rempart.

Devant l'attaque pied à pied entamée par les Chinois, il y a lieu de se préoccuper de l'éventualité de l'évacuation du blockhaus, lequel peut résister à toutes les attaques de vive force dirigées contre lui, mais qu'un cheminement de l'adversaire peut isoler de la place. L'évacuation du blockhaus laisse à l'adversaire la hauteur la plus dangereuse. Pour parer à l'inconvénient qui en résultera, il est de toute nécessité de modifier et de compléter certaines parties du défilement. Dans la soirée même du 27, on commence un cheminement défilé dans la grande rampe qui mène au mamelon.

Dans la journée du 27, le légionnaire Taube, de la 2ᵉ compagnie, est blessé mortellement d'une balle en pleine poitrine pendant qu'il travaille à la traverse ouest du cantonnement de sa compagnie.

28 janvier.

Le matin, au point du jour, on aperçoit, partant du point appelé « Saillant de la haie », un boyau de communication qui s'avance vers le blockhaus.

Plusieurs coups de hotchkiss sont envoyés sur la tête de sape ; le travail semble d'ailleurs interrompu dans la journée.

Il faut s'attendre à ne plus pouvoir conserver le blockhaus ; aussi les travaux intérieurs de défilement sont-ils très activement poussés. La 1ʳᵉ compagnie de la légion construit une traverse coupant le chemin qui mène de la porte d'entrée en son cantonnement ; cette traverse, élevée à l'entrée du cantonnement, le garantit contre les coups venant du sud. La 2ᵉ compagnie place ses gabions autour des murs du baraquement ; elle continue également à travailler à la grande traverse.

Le service du génie, au moyen de 60 hommes

de corvée de la légion, continue le cheminement défilé dans la rampe du mamelon.

Toute la nuit du 27 au 28 et toute la journée du 28, les Chinois envoient sur le cantonnement des Tonkinois et sur la citadelle une grêle de balles et de projectiles de fusil de rempart, qui n'atteignent personne.

29 janvier.

Le sergent André, de la légion, qui était de garde au blockhaus du 28 au 29, rend compte que la tranchée par laquelle les Chinois marchent sur le blockhaus n'est plus qu'à une centaine de mètres de cet ouvrage. Un sapeur du génie, le nommé Edme, est envoyé comme renfort au poste du blockhaus. A midi, le sergent Dumont, qui a pris le matin la garde du blockhaus, fait connaître que le travail de sape continue.

A deux heures de l'après-midi, il tente une sortie contre la tête de sape ; mais les hommes qu'il envoie sont accueillis par un feu assez nourri partant d'une parallèle que les Chinois ont eu soin d'établir perpendiculairement au cheminement, à 200 mètres environ du blockhaus ; la petite troupe de sortie rentre dans l'ouvrage.

A quatre heures du soir, le capitaine Catte-lin, de la légion étrangère, est envoyé au blockhaus pour reconnaître l'état d'avancement des travaux de l'adversaire. Il constate que la tête de sape est à moins de 100 mètres de l'ouvrage.

Dans ces conditions, le blockhaus peut encore tenir toute la nuit et peut-être une partie de la journée du lendemain ; il importe de retarder le plus possible son évacuation, car les travaux de défilement de la citadelle ne sont pas encore terminés.

Le bombardement continue.

30 janvier.

Dans la nuit du 29 au 30, les Chinois donnent trois assauts au blockhaus, mais sans succès.

Le légionnaire Claës est blessé à la tête pendant un de ces assauts.

Au point du jour, le sergent Bobillot, chef du service du génie, se rend au blockhaus. Au retour, il fait connaître que le cheminement de l'adversaire est parvenu au pied même du mamelon du blockhaus ; que le travail marche très vite et que, dans 7 ou 8 heures, la tête de sape sera arrivée sur la ligne de communication du blockhaus à la citadelle.

Afin que le blockhaus puisse être évacué sans combat, ordre est donné au poste de cet ouvrage de rentrer à la citadelle à dix heures. Ce mouvement s'opère à l'heure prescrite ; sur le mamelon de la citadelle, toute l'artillerie et un groupe de tireurs de position se tiennent prêts, en cas de besoin, à protéger le retour du poste à la citadelle, et ensuite à profiter du moment où l'adversaire pénétrera dans le blockhaus pour le couvrir de feux.

Un quart d'heure environ après l'évacuation de l'ouvrage, quelques Chinois se montrent; l'un d'eux, s'enhardissant sans doute, et n'entendant plus de bruit, vient regarder par un des créneaux et rentre ensuite dans le blockhaus, suivi bientôt de quelques autres.

Un obus de 80 millimètres est alors lancé sur l'ouvrage, dont il traverse le premier mur. Les Chinois qui avaient pénétré dans l'ouvrage ne reparaissent plus; et de toute la journée aucun Chinois n'ose y rentrer.

De leurs parallèles et des mamelons qui jalonnent le chemin sud de Yen, les Chinois ouvrent alors sur la citadelle un feu excessivement vif qui dure de 10 heures et demie du matin à 4 heures du soir, et je crois être au-dessous de la vérité en estimant à 30,000 le nombre de cartouches qu'ils ont brûlées dans cette journée. De notre côté, les tireurs de position seuls répondent; une pièce de 4 et une de 80 placent aussi plusieurs coups heureux sur des colonnes venant de Yla et de Dong-Yen; on aperçoit des convois de blessés ou de morts qui regagnent ces deux villages. Malgré la pluie de plomb qui tombe sur la citadelle, nous n'avons qu'un artilleur, le nommé Forat, blessé légèrement à la joue. Malheureusement, dans la matinée, 2 légionnaires avaient été blessés pendant le travail, les nommés Francey et Solberstein. Dans la soirée même, le légionnaire Francey meurt des suites de sa blessure.

Nos pertes de la journée s'élèvent donc à 1 tué et 3 blessés.

31 janvier.

Malgré le bombardement incessant, on travaille toute la nuit aux travaux de défilement.

Le lendemain, on constate que l'adversaire a établi une tranchée sur le mamelon du blockhaus. Cette tranchée est reliée à la grande pagode par une autre commencée la veille, et qui formait un deuxième cheminement sur le blockhaus.

Pendant la nuit du 30 au 31, à huit heures du soir, les Chinois tentent une attaque de vive force contre le baraquement des Tonkinois; ils sont repoussés, et laissent deux morts sur le terrain.

Pendant le jour, on est obligé de suspendre en partie les travaux à cause de l'intensité du feu de l'adversaire.

1er février.

Le travail est repris le 31 au soir, à la tombée de la nuit. On termine le défilement de la grande rampe du mamelon ; on commence un chemin couvert en arrière de la grande traverse de la 2ᵉ compagnie de la légion. L'artillerie établit au rentrant compris entre la citadelle et le cantonnement des Tonkinois, une batterie pour pièce de 4. Cette pièce enfile la route de Yuoc et flanque la face sud, sur laquelle se dirigent surtout les cheminements des Chinois.

D'après la direction de leurs tranchées, ces derniers semblent vouloir attaquer simultanément le cantonnement des Tonkinois et la demi-lune de la face sud.

Au matin, on constate que les Chinois n'ont pas mis moins d'activité que nous dans leur travail. Ils ont poussé leurs tranchées jusqu'à 250 mètres du Mirador sud. — A partir de huit heures du matin, la citadelle est en butte à un feu concentrique qui dure toute la journée avec une grande intensité, particulièrement de la ligne des mamelons situés sur la face ouest, sur lesquels les Chinois ont élevé des retranchements crénelés. De la pagode du mamelon déboisé, ils tirent sur la face nord, et de la rive gauche du fleuve, ils battent la porte d'entrée de la citadelle et la *Mitrailleuse*. Les tireurs de la rive gauche sont détachés des postes qui sont établis sur cette rive en aval de la place, depuis le 28 janvier.

2 février.

Dans la nuit du 1er au 2, les Chinois envoient un groupe contre les tirailleurs tonkinois ; ils laissent un mort et un blessé sur le terrain.

Continuation du bombardement ; le nombre des cartouches tirées par les Chinois dans une période de 24 heures peut être estimé à 8,000, celui des projectiles de fusils de rempart à 300. Nos tireurs de position brûlent par jour environ 4,000 cartouches ; ils mettent journellement en moyenne 10 hommes hors de combat ; les effets de l'artillerie contre les ouvrages qu'élève l'adversaire sont presque nuls ; aussi le tir de l'artillerie, d'une manière générale, n'est employé contre les batteries de l'adversaire, que lorsqu'il devient nécessaire de faire taire son feu pour protéger l'exécution d'un travail.

Le cheminement des Chinois s'avance rapidement ; le 2, au matin, il atteint l'éperon en avant de la porte sud. Une parallèle est établie par eux sur la ligne du mamelon situé à 50 ou 100 mètres de la face ouest de la citadelle.

De notre côté, nous exécutons une communication défilée entre le logement de la 1re compagnie de la légion et la porte est (porte d'entrée) ; des traverses sont élevées sur la face ouest pour protéger les hommes sur le rempart contre le feu venant du mamelon ou de la pagode dite du « Débroussaillement ».

Le service et le travail sont organisés de la manière suivante : dans chaque compagnie de la légion, 1 section de garde, 1 section de piquet, 1 section de réserve partielle, 1 section de réserve générale. Chacune des deux compagnies de la légion a la défense des deux secteurs les plus voisins de son casernement. A chaque secteur est affectée une demi-section (de garde), une autre demi-section (du piquet) et une demi-section (de réserve partielle). La réserve générale est formée par deux sections appartenant à l'une et à l'autre des deux compagnies de la légion ; les travailleurs sont fournis par les sections de réserve partielle et de réserve générale ; ils sont, sous la direction unique du génie, employés par équipes de 30 hommes relevées toutes les deux heures.

Aux tirailleurs tonkinois, l'organisation du service et du travail est identique.

Dans la journée du 2 février, un caporal tonkinois, le nommé Gia, est blessé à la tête ; il meurt dans la soirée des suites de sa blessure.

3 février.

Dans la nuit du 2 au 3, à trois heures un quart, les Chinois ouvrent un feu général de leur ligne de tranchées ; il font ensuite quelques pas en dehors de leur abri pour marcher contre les Tonkinois et contre les faces sud et ouest de la citadelle ; mais notre feu les fait immédiatement rentrer dans la tranchée.

Continuation du bombardement ; vers dix heures du matin, un tirailleur tonkinois est atteint mortellement (Phan-dang-Chinh).

La parallèle que les Chinois ont creusée en arrière des crêtes des mamelons de la face ouest a été étendue pendant la nuit jusqu'au mamelon du saillant nord-ouest, c'est-à-dire jusqu'à notre haie de bambous, à 25 mètres du mur de la citadelle.

Les travaux exécutés par nous sont : coupure en arrière des postes est, sud et ouest ; chemin défilé du cantonnement de la 1re compagnie de la légion à la demi-lune nord ; continuation de la traverse de la 2e compagnie ; rampe défilée reliant la gauche de cette traverse à la partie gauche de la demi-lune sud : transport du matériel de l'ambulance dans les cantonnements de la 1re compagnie (la situation de l'ambulance au saillant nord-ouest n'est plus tenable depuis l'occupation par l'ennemi du mamelon de ce saillant).

4 février.

Les Chinois tirent peu pendant la nuit du 3 au 4 ; dans la journée, le bombardement reprend avec l'intensité habituelle ; cependant, le tir des fusils de rempart est moins nourri ; quelques-uns de ceux-ci lancent des projectiles cylindriques.

L'artillerie, le génie et l'ambulance évacuent le baraquement qu'ils occupaient en arrière de la face droite et vont s'installer au cantonnement de la 1re compagnie de la légion.

Pendant la nuit du 3 au 4, les Chinois ont amélioré leurs travaux ; ils ont fait sur leur ligne des tranchées, en avant de la face ouest, un amas considérable de fascines et de bottes de paille. Ils semblent avoir abandonné leur première idée d'attaquer par la face sud et chercher à envelopper les saillants sud-ouest et nord-ouest, ainsi que la demi-lune ouest.

De notre côté, on continue les travaux commencés les jours précédents.

5 février.

Dans la nuit du 4 au 5, un groupe de Chinois s'avance encore du côté des tirailleurs tonkinois ; il est repoussé et laisse un cadavre sur le terrain.

Dans cette nuit, les Chinois lancent une tranchée jusqu'au saillant sud-ouest de la haie, c'est-à-dire jusqu'à 25 mètres du saillant sud-ouest de la citadelle.

Les travaux que nous avons entrepris continuent et, sauf sur la face sud, on peut sans danger communiquer d'un point à l'autre de la citadelle.

Dans la journée du 5, les tireurs de position mettent hors de combat 18 Chinois, que l'on voit enlever

Comme d'habitude, le bombardement dure nuit et jour. Le nombre des Chinois de la rive gauche augmente ; leur tir est très gênant pour les tirailleurs tonkinois et pour la *Mitrailleuse*.

Dans le courant de la journée, deux légionnaires sont blessés légèrement sur le rempart où ils sont en faction : le nommé Simon de la 1re compagnie, et le nommé Sylvestre de la 2e compagnie-

6 février.

Dans la soirée du 5, après la tombée de la nuit, les Chinois viennent faire un trou en terre contre notre haie de bambous, c'est-à-dire à 30 mètres du mur de la citadelle ; ce trou correspond à peu près au milieu de la demi-face sud de la face ouest. L'obscurité empêche de distinguer les travailleurs et le genre de travail qui est fait; on tire cependant du mur, mais sans résultat appréciable. L'adversaire, profitant de l'épaisseur de la nuit, est même parvenu à apposer des madriers contre la muraille de manière à former une sorte de toit.

Lorsque la lune se lève, on aperçoit ce travail, lequel est détruit au moyen d'un long crochet par le sergent du génie. Au point du jour, on remarque que du trou creusé l'adversaire a cheminé le long de la haie vers le sud sur une longueur de 25 mètres, et que là il a percé comme au premier point la haie de bambous.

Pour empêcher toute nouvelle tentative directe de l'adversaire contre la muraille, le nombre des sentinelles des demi-faces est augmenté d'une (soit au total 4 sentinelles se partageant la surveillance sur un front de 150 mètres). Chacune de ces sentinelles est munie d'un mâchicoulis mobile, qu'elle doit placer sur le mur au-dessus du point où l'ennemi tenterait de venir travailler, de manière à pouvoir tirer à l'abri sur les travailleurs. En outre, des petites fascines imprégnées d'alcool sont préparées pour éclairer le pied du mur.

Dans la matinée du 6, l'adversaire, partant du trou signalé plus haut, chemine perpendiculairement sur le mur en se couvrant en tête par un masque de fascines qu'il fait avancer au fur et à mesure de son travail. Il arrive ainsi jusqu'à égale distance de la haie de bambous et du mur. Là, il plante un drapeau qui, dans l'après-midi, est enlevé par quelques hommes de la 1re compagnie, au moyen d'un engin imaginé par M. le lieutenant Gœury, de cette compagnie. Deux Chinois, qui s'étaient accrochés au drapeau pour le retenir, sont tués par quelques tireurs postés en vue de cette éventualité.

Dans l'après-midi, l'adversaire établit une batterie de quatre fusils de rempart sur la rive gauche, au sommet du piton qui domine la Pagode blanche, à 1,400 mètres de la citadelle. Le tir de ces fusils ne produit aucun effet, les coups étant tous trop courts.

Le bombardement de la citadelle continue ; il est particulièrement vif de huit heures à dix heures du matin et de quatre heures à six heures du soir. Nos tireurs de position tirent toujours avec le même succès ; mais les Chinois qui se découvrent deviennent de plus en plus rares. Notre artillerie a l'occasion de placer quelques bons coups de hotchkiss contre les groupes de travailleurs.

Les travaux que nous avons exécutés, tant dans la nuit que dans le jour, sont : Amélioration de la traverse de la 2e compagnie de la légion ; amélioration des travaux de défilement du mamelon ; continuation d'un chemin couvert reliant la traverse de la 2e compagnie à la demi-lune sud.

Dans cette journée, trois légionnaires sont blessés : Sylvestre, Popp et Géber.

7 février.

Dans la soirée du 7, les mâchicoulis mobiles sont installés et le pied du mur est éclairé sur la face ouest. On ne constate durant cette nuit aucune tentative directe de l'adversaire contre la muraille.

Au point du jour, on constate qu'il a complété et amélioré ses communications ; sa troisième parallèle partant du village, passant en arrière de la pagode démolie et en arrière des crêtes des mamelons de la face ouest, semble achevée ; il a relié par un boyau de communication cette parallèle avec le retranchement de la hauteur en avant de la demi-lune sud. En arrière du mamelon de la compagnie chinoise, il a élevé une batterie de fusils et de canons de rempart.

Dans la matinée, la batterie de fusils de rempart qui, la veille, avait été placée sur le piton de la rive gauche, descend au pied de cette hauteur ; de sa nouvelle position elle ne produit pas plus d'effet que de l'ancienne ; elle est d'ailleurs

contre-battue par les hotchkiss de la *Mitrailleuse*.

A midi, les Chinois démasquent sur le mamelon du blockhaus une batterie composée de
2 canons de rempart, d'une vieille pièce d'assez
fort calibre et d'une pièce de 4, qui lance notre
obus ordinaire et notre obus à balles. Notre
80 $^{m}/^{m}$ et les tireurs de position font taire la
pièce de 4, qui est d'ailleurs mal installée dans
une embrasure trop ouverte.

Nous continuons les travaux de défilement
qui ont été commencés la veille. Le travail se
poursuit jour et nuit, le nombre des travailleurs
étant basé sur celui des outils, lesquels ne restent jamais un moment inactifs. Dans cette journée nous avons un légionnaire tué, le nommé
Führman.

8 février.

Au point du jour, on constate que l'adversaire
a exécuté un deuxième cheminement perpendi-
culaire au mur et à 25 mètres d'éloignement du
premier.

Dans l'après-midi, on s'aperçoit qu'il se forme
un amas de terre s'accroissant peu à peu aux
extrémités des deux cheminements ; il y a tout
lieu de penser que l'adversaire chemine alors
en galerie souterraine vers le mur. A partir de

ce moment, le sergent du génie fait écouter constamment pour déterminer la direction que suivent les deux galeries.

Pendant la nuit, l'adversaire a construit une sorte de casemate pour sa pièce de 4; à dix heures et demie du matin, il lance deux obus à balle, dont l'un va éclater au-delà du fleuve, mais dont le second enlève une partie de la toiture de la pagode occupée par l'interprète sur le mamelon. Notre pièce de 80 millimètres est impuissante à détruire la casemate; mais, comme celle-ci est très large, les tireurs de position empêchent les artilleurs ennemis de remettre la pièce en batterie. A la nuit tombante, cependant, les Chinois envoient encore un obus de 4 qui n'éclate pas et qui va tomber au delà de la citadelle.

Les travaux exécutés par nous sont : traverses posées sur la face sud pour se défiler du feu des mamelons de la face ouest; aménagement pour la fusillade de la traverse de la 2ᵉ compagnie.

Dans cette journée, nous avons encore deux blessés, les nommés Devogel et le sergent Dordaki, de la légion.

9 février.

Dans la nuit du 8 au 9, les Chinois organisent une large place d'armes au point où le boyau qui va au saillant sud-ouest de la haie se détache de la parallèle; ils élargissent également ce boyau; de plus, ils ont amorcé un deuxième boyau en zigzag menant de la place d'armes en question à la deuxième galerie souterraine.

Le sergent du génie a reconnu le point vers lequel se dirige la deuxième galerie souterraine, laquelle est plus avancée que la première; au point du jour, il fait commencer deux contre-galeries, de manière à entraver le point où aboutira probablement le travail du mineur adverse; ces contre-galeries ont pour but de servir d'évents à la mine, de réduire considérablement son action; le soir, les contre-galeries sont presque arrivées (en descendant de 55 centimètres par mètre) jusqu'au mur.

Vers 4 heures de l'après-midi, on entend le travail d'un second mineur dans la première galerie souterraine; le sergent du génie estime qu'il est encore à 7 ou 8 mètres du mur.

On entend également tout le jour un bruit de pioche en arrière du mamelon du saillant nord-ouest.

Le sergent du génie ayant déclaré qu'une mine pouvait faire explosion pendant la nuit, les dispositions suivantes sont ordonnées : La section de réserve générale de la 2e compagnie de la légion, la section de réserve partielle de cette compagnie et la demi-section de piquet du

secteur sud-ouest coucheront à l'ancien logement des officiers de la 2e compagnie ; ce logement a été aménagé en vue de cette éventualité,
de manière que les hommes puissent y reposer.

La demi-section de piquet du secteur sud-est
couchera au magasin vide, également aménagé.

La demi-section de piquet (1re compagnie) du
secteur sud-est couchera avec le poste de la
demi-lune nord ; la section de réserve générale
de la 1re compagnie couchera au baraquement
évacué de l'artillerie ; le restant de la 1re compagnie couchera à son baraquement habituel. De
cette façon, chacun des éléments de la garnison
se trouvera à proximité de son poste de combat,
et sera en même temps dans de bons abris où il
pourra se reposer.

Dans le cas où les deux mines feraient explosion, les brèches seront couronnées par chacune
des deux sections de réserve générale ; la section des travailleurs arrivera immédiatement
avec les outils, et un retranchement rapide
sera exécuté derrière les défenseurs des brèches.

La moitié de la section de la réserve partielle
de la 1re compagnie sera envoyée au baraquement évacué de l'artillerie, à moins que cette
section ne soit au travail, auquel cas la 1re compagnie recevrait au contraire une demi-section
prélevée sur la réserve partielle de la 2e compa-

gnie. Cette demi-section est destinée à former une dernière réserve dans la main du commandant du poste.

Le piquet du secteur sud-ouest prendra sa place habituelle au saillant; les flancs des demi-lunes qui flanquent le saillant sud-ouest seront garnis de la presque totalité des hommes des postes de ces demi-lunes; le flanc opposé sera renforcé au moyen des piquets des secteurs sud-est et nord-ouest.

Dans la journée, un des deux hotchkiss de la place est installé au flanc sud de la demi-lune ouest, afin d'obtenir un flanquement plus complet de la demi-face menacée.

Le travail que nous exécutons dans la journée est l'aménagement défensif de la traverse de la 2ᵉ compagnie, l'établissement de parados sur la face sud et la création d'un chemin couvert pour aller au magasin à munitions du mamelon. L'ancien magasin à munitions est complètement évacué.

10 février.

Pendant la nuit, le mineur de la galerie de droite (par rapport à nous) a gagné du terrain. Au point du jour, on commence deux contre-galeries pour aller à lui. Ce moyen est le seul que nous puissions essayer contre lui; dans les conditions où nous nous trouvons, une sortie ne pourrait pas réussir; en effet, en *a, b, e, f, g,* l'ennemi a construit des abris pour tireurs et ces abris sont protégés par notre haie de bambous elle-même. Pour aller à lui, nous n'avons que la porte de sortie E, et il faudrait défiler (aller et retour) sous le feu des retranchements *a, b, c,* ou des retranchements *f* et *g,* suivant qu'on irait à lui par un côté ou par l'autre.

Dans la journée le bombardement continue; il est particulièrement vif vers midi, et nous recevons en assez grande quantité des obus à balles, des bombes explosibles et des fusées qui sont plutôt un projectile qu'un agent incendiaire.

Les ordres donnés la veille pour le cas d'explosion d'une mine sont maintenus ; il est recommandé à l'artillerie du mamelon de tirer sur des groupes et de dédaigner de répondre pendant l'assaut au tir de l'artillerie ennemie. Le génie reçoit ordre d'accumuler gabions, sacs à terre et branches d'arbres ou bambous auprès des points sur lesquels l'adversaire dirige ses deux galeries souterraines.

Le moment où les réserves générales devront s'élancer pour couronner les brèches sera celui où les Chinois eux-mêmes se porteront à l'assaut; le moment sera indiqué par la sonnerie de la charge.

Les travaux exécutés par nous dans la nuit dn 9 au 10 et dans la journée du 10 sont : banquette et revêtement en clayonnage de la traverse de la 2ᵉ compagnie ; amélioration des défilements de mamelon.

La traverse intérieure de la 2ᵉ compagnie est aménagée défensivement ; il y a lieu de se préoccuper du cas où l'adversaire ferait sauter par la mine 100 à 150 mètres de muraille ; il serait alors, avec l'effectif disponible, impossible de garnir la brèche. En vue de cette éventualité, la traverse formerait une partie de retranchement intérieur par lequel le commandant du poste prend le parti de couper en deux la citadelle. Depuis quelques jours déjà, en vue de la nécessité où nous pouvons nous trouver d'avoir à défendre la place pied à pied, un mois de vivres de toute espèce sont montés au mamelon pendant la nuit par les coolies.

11 février.

Dans la nuit du 10 au 11, quelques Chinois se glissent jusqu'au pied du mur du saillant nord-ouest et cherchent au moyen de grappins à renverser les gabions et les planches qui surélèvent le parapet de ce saillant et qui y forment un masque contre les coups pouvant venir du petit mamelon. En repoussant cette tentative, M. le lieutenant Gœury et le légionnaire Alberti sont légèrement blessés.

L'ennemi continue ses travaux de mine. A huit heures et demie du matin, il travaillait dans la galerie n° 2 en même temps que nous dans la galerie correspondante; le légionnaire Maury donne à ce moment un coup de pioche qui crève la paroi qui le sépare du mineur ennemi; celui-ci, qui était sur ses gardes, fait une décharge de revolver et blesse le nommé Maury au pied.

Le trou est bouché au moyen de sacs à terre, et une petite palissade est faite pour reconstituer un obstacle. En même temps, le sergent du génie cherche à inonder la galerie de l'adversaire, laquelle est au-dessous de la nôtre et qui a été creusée en s'approfondissant. Ce procédé semble réussir : car en jetant de la terre dans la partie en sape découverte d'où commence la galerie, on entend un clapotis d'eau. Cependant, quelques moments après, on entend travailler de nouveau en face de la contre-galerie de gauche (gauche par rapport à nous).

Continuation du bombardement; le légionnaire Pasche est atteint d'une balle au pied.

Continuation des travaux de la veille. Ordre est donné de faire des sacs à terre avec les toiles de tentes que la légion a en magasin.

Les ordres pour la nuit sont les mêmes que la veille.

12 février.

A 5 h. 1/2 du matin, une explosion se fait entendre ; les postes de combat sont pris ; les Chinois rassemblés dans la grande place d'armes, vis-à-vis la face ouest, poussent de grands cris et se portent vers le lieu de l'explosion. C'est la mine de la galerie n° 2 qui a sauté ; mais grâce aux contre-galeries qui forment évents, le mur n'a été que crevé et la brèche n'est pas praticable. Les Chinois qui marchaient en tête de la colonne d'assaut sont pris de front par la section de réserve générale, qui s'est portée au lieu de l'explosion, et de flanc par les fusils et les hotchkiss de la demi-lune ouest. Ce qui n'est pas tué rentre précipitamment dans la communication défilée et l'action se continue par un tir rapide et précipité, que les Chinois exécutent de leur parallèle la plus avancée et par le tir de leur artillerie placée au mamelon du blockhaus.

Dans la matinée, le mur s'affaissant, on relie les deux extrémités de la partie restée solide au moyen d'une palanque.

Vers huit heures du matin, on s'aperçoit que l'ennemi a cheminé souterrainement vers le saillant sud-ouest et qu'il est déjà presque au mur.

Une contre-galerie est immédiatement commencée, mais il est à craindre qu'on arrive trop tard.

Le soir, les ordres des jours précédents sont maintenus pour le cas où l'ennemi ferait sauter pendant la nuit la mine de la galerie n° 1 et celle du saillant.

En même temps qu'à 5 heures 1/2 du matin l'ennemi tentait l'assaut à la citadelle, il faisait une attaque de vive force contre les tirailleurs tonkinois ; cette attaque était repoussée comme l'autre.

Trois légionnaires blessés dans cette journée : Stutter, Nœrden et Rœssle.

13 février.

La nuit du 12 au 13, nos travailleurs étaient occupés à creuser la contre-galerie du saillant et les deux contre-galeries correspondant à la galerie ennemie n° 1. A 3 heures 15, une explosion sourde ébranle la citadelle ; le cri : « Aux armes ! » est répété, et chacun se tient prêt à exécuter les ordres donnés la veille. C'est le saillant sud-ouest qui vient de sauter ; le mur d'escarpe, renversé sur une longueur de 15 mètres, est tombé dans le fossé, et le parapet en terre est détruit ; la brèche existe, mais elle présente à son centre un entonnoir qui la rend difficilement praticable. On entend alors les Chinois pousser de grands cris à proximité de la brèche. Le capitaine Moulinay, de la 2ᵉ compagnie, fait alors sonner la charge et conduit à la brèche sa section de réserve générale.

Le mouvement des Chinois est arrêté aussitôt ; le porte-drapeau qui marchait en tête tombe sur la brèche et les autres rentrent dans la place d'armes défilée. A deux reprises, ils tentent encore d'atteindre la brèche, mais ces deux tentatives sont repoussées comme sa première.

L'obscurité était complète ; les travailleurs (1ʳᵉ section) arrivent avec les outils, et un retranchement rapide est exécuté immédiatement un peu en arrière du bord de l'entonnoir.

L'action est continuée pendant le restant de la nuit par un feu très intense de nos adversaires ; de notre côté, nous tirons très peu ; au point du jour, l'artillerie tire quelques coups de hotchkiss et de 80 millimètres sur des groupes qu'elle aperçoit.

A six heures et demie, le feu de l'ennemi se calme et le service habituel est repris.

La matinée est employée par le génie à reconstituer un retranchement commode et un obstacle sur l'emplacement de la brèche ; malheureusement, le parapet est tellement entamé qu'il n'est pas possible de faire un parados, et cette partie de l'enceinte va se trouver prise par derrière par les tireurs du mamelon du saillant nord-ouest, ainsi que par ceux établis sur le mamelon au-dessous de la Pagode du Déboisement.

Les pertes de cette journée sont toutes subies par la légion ; elles sont de 5 hommes tués, les nommés Acker, Alberts, Hoffmann, Waisemann et Schelbaun, et 6 blessés. Le cadavre du soldat Schelbaum avait été lancé par l'explosion de la mine jusqu'à quelques pas des retranchements chinois. A la tombée de la nuit, le caporal Beulin, de la 2e compagnie, avec 3 hommes de bonne volonté, va le rechercher. Pour cet acte de courage, le caporal Beulin est nommé sergent et les trois hommes qui l'ont accompagné sont nommés de 1re classe. Ils sont cités tous quatre à l'ordre de la place.

14 février.

Dans la nuit du 13 au 14, de huit heures et demie du soir à trois heures du matin, l'ennemi ne cesse de tirer ; cette fusillade est accompagnée de hurlements et de bruits de corne et de trompette.

Au matin, on s'aperçoit qu'il a nivelé l'amas de terre tombé au pied du parapet par suite de l'explosion de la mine du saillant ; il a apporté également une grande quantité de branches d'arbres au point où son cheminement perce la haie de bambous.

Dans la journée, nous avons un légionnaire tué et trois autres blessés. (Parmi ces derniers, le caporal Galimberti.)

A la tombée de la nuit, une section de 30 tirailleurs tonkirois, sous le commandement de M. le lieutenant Goullet, fait une sortie. Elle pénètre audacieusement dans le retranchement que les Chinois construisent en arrière du mamelon de la pagode de la Compagnie chinoise, tue sur place deux des Chinois qui la défendent, disperse les autres en leur faisant subir des pertes, et enlève 7 drapeaux.

Les travaux exécutés sont : aux tirailleurs tonkinois, des chemins couverts; à la citadelle, continuation du retranchement de la brèche sud-ouest, et de la tranchée qui relie la grande rampe à la traverse de la 2ᵉ compagnie.

15 février.

Dans la nuit, l'adversaire a élevé un block-haus en palanques en face de la brèche du saillant; il a apporté des palanques et des bottes de paille en face de la demi-lune ouest, à une petite distance de la haie de bambous.

On constate également au matin qu'il a continué la tranchée, où sont allés la veille les tirailleurs tonkinois et qu'il l'a poussée jusqu'au fleuve.

Les Chinois couvrent la grande communication qui mène au saillant sud-ouest de la haie de bambous. Dans la matinée, on essaye de démolir avec des projectiles de 80 millimètres un point de cette communication ; on tire cinq obus qui ne produisent aucun effet, quoique bien dirigés ; sur l'avis de l'officier commandant l'artillerie, l'expérience n'est pas poussée plus loin.

Vers midi, les Pavillons-Noirs campés aux forts de la rive gauche viennent faire une démonstration contre les Tonkinois ; ils se retirent devant le feu des Tonkinois et devant celui de l'artillerie du mamelon et de la *Mitrailleuse*.

Dans la journée, on s'aperçoit que l'ennemi recommence à travailler à la galerie n° 1, celle où il n'y a pas eu d'explosion de mine ; une contre-galerie est ouverte sur la face ouest, à 25 mètres au sud de la demi-lune ; cette contre-galerie a pour but d'arrêter un cheminement qui se ferait le long de notre mur (intérieurement) vers le rentrant de la demi-lune ouest.

Travail exécuté : continuation de la tranchée, reliant la droite de la traverse de la 2° compagnie à la grande rampe, et ouverture d'une tranchée reliant la grande rampe à la terrasse du mamelon.

Dans la nuit du 14 au 15, les Chinois ont creusé un trou vis-à-vis le milieu de la demi-face reliant le saillant sud-ouest à la demi-lune sud. Ce trou est à 25 mètres environ de la haie de bambous ; il est relié à cette haie par un boyau de communication à peine commencé, et, au point où ce boyau rejoint la haie, un autre trou a été fait. Ce travail n'est pas relié encore à l'ensemble des retranchements et il se trouve isolé. Pour profiter de cette circonstance, une petite sortie est organisée contre les défenseurs peu nombreux des deux trous en question ; l'occasion était d'autant plus favorable qu'il n'y avait que peu de chemin à faire pour les atteindre. En conséquence, ordre est donné au sergent Beulin (de bonne volonté) de sortir au point du jour avec 25 hommes divisés en trois groupes : le 1ᵉʳ groupe se portera sur le trou le plus éloigné ; le 2ᵉ groupe, sur le trou de la haie ; ils y arriveront en même temps, tueront, à la baïonnette si c'est possible, les Chinois qui s'y trouvent et reviendront immédiatement, par une ouverture que le 3ᵉ groupe aura faite dans la haie.

16 février.

Le détachement ci-dessus mentionné sort un peu avant le jour ; le deuxième groupe se précipile sur le trou de la haie et tue 5 Chinois qui s'y trouvent; malheureusement, le premier groupe se trompe de direction; il arrive trop tard à l'autre trou dont les défenseurs, prévenus par le bruit de l'autre attaque, sont sur leurs gardes; ce défaut de simultanéité dans les deux attaques nous coûte 4 légionnaires tués et 1 blessé; le détachement rentre sans plus tarder par l'ouverture pratiquée dans la haie et rapporte les morts et le blessé. Un groupe de la 2e compagnie protégeait l'opération du rempart; le sergent Kiével, qui commandait ce groupe, fut atteint d'un biscaïen qui lui fracassa la cuisse.

Une modification est apportée à l'organisation du travail. Jusqu'alors tous les hommes, sans exception, avaient pris part au travail; à chaque relevé, il fallait mettre la nouvelle corvée au courant d'une besogne qu'elle ne connaissait pas, et beaucoup de temps, la nuit surtout, était ainsi perdu. D'autre part, la dislocation de tous les éléments des compagnies entre les postes de combat rendait fort difficile le rassemblement des travailleurs. Sur la proposition du sergent chef du service du génie, le commandant du poste donne l'ordre que chaque compagnie fournira 20 travailleurs permanents; ces 40 hommes travaillent par équipe de 20 et alternativement pendant 3 heures; le travail ne sera interrompu que de 3 heures à 6 heures du matin. Le nombre des travailleurs correspond au nombre d'outils possédés par le détachement du génie. Ces 40 hommes, logés ensemble, sont placés sous les ordres du sergent du génie ; en cas d'explosion de mine, c'est à eux que revient la tâche de couronner la brèche d'un retranchement.

Par suite de cette formation d'un peloton de travailleurs, le nombre des disponibles des compagnies se trouve réduit ; le nombre des gradés l'est d'ailleurs également. Pour ces raisons, le commandant du poste fait former les compagnies à 3 sections de 4 escouades chacune.

En conséquence, le service de la place est modifié de la manière suivante :

Il n'y a plus de réserve partielle de secteur. Chaque compagnie fournit une section de garde, l'autre section est de piquet, la dernière appartient à la réserve générale.

Chaque compagnie continue, bien entendu, à assurer la garde de deux secteurs.

Travaux exécutés : Ouverture de deux contre-galeries sur la face sud, où le matin le sergent Beulin a constaté l'ouverture d'une galerie chinoise ; continuation de la contre-galerie de la face ouest ; continuation de la tranchée reliant la grande rampe à la terrasse ou mamelon.

Dans la journée du 16, deux légionnaires sont blessés.

17 février.

Pendant la nuit, les Chinois ont accumulé des palanques au saillant sud-ouest. En arrière du petit fortin qu'ils y ont construit, ils élèvent une sorte d'abri casematé en bois, terre et bottes de paille; le petit fortin en palanques semble être le point de départ d'une double galerie souterraine embrassant la brèche; d'ailleurs, dans l'après-midi du 16, on a **vu** apporter des planches et des madriers, et, pendant la nuit, on **a** entendu à côté du fortin le bruit d'un travail sur de la planche; il y a donc lieu de penser que les Chinois font un coffrage.

Pendant cette même nuit et pendant le jour, on entend encore la reprise du travail à la galerie n° 1 de la face ouest.

Si l'on considère la distance qui sépare les deux mines extrêmes, on peut en conclure que l'intention de l'adversaire est de faire sauter 150 mètres de la muraille.

C'est cette prévision qui a donné l'idée de continuer un retranchement intérieur. Le tracé de ce retranchement part de la demi-lune sud, qui sera comme une avancée (le sommet de la porte devant être organisé en blockhaus), il suit la grande traverse de la 2ᵉ compagnie (*a*, *b*) gagne par une rampe défilée (pour laquelle est utilisée en partie la grande rampe du mamelon) un retranchement déjà construit à mi-côte du mamelon lequel est également relié par une rampe défilée et aménagée défensivement à la demi-lune nord, que nous conservons dans le retranchement intérieur.

Ce travail est en bonne voie d'exécution, la traverse (a b) de la 2º compagnie est déjà organisée défensivement ; elle est reliée à la grande rampe par une communication (b c), que l'on défile complètement par des gabions dans la journée du 17, et enfin la communication qui doit relier la demi-lune nord au retranchement déjà existant à mi-côte du mamelon a été ouverte dans la nuit.

L'adversaire ayant repris le travail à la galerie n° 1 de la face ouest, il est devenu nécessaire pour nous d'élargir les deux contre-galeries qui ont été commencées en ce point et de les réunir entre elles, afin d'obtenir une diminution dans les effets que produira l'explosion de la mine. Les coolies sont employés à ce travail ; dans la matinée, les tireurs chinois établis au mamelon du saillant nord-ouest tirent de leurs obus sur les travailleurs des contre-galeries. L'artillerie du mamelon leur envoie quelques obus de 80 qui démolissent en partie l'abri et qui font taire leur feu.

Une heure après environ, vers 9 heures 1/2,

les Chinois démasquent au mamelon du block-haus une batterie de deux pièces de 4, de trois obusiers de 12 et de deux mortiers de 22 centi-mètres, et il commencent sur la citadelle, et par-ticulièrement contre notre mamelon, un bombar-dement qui se prolonge pendant plus de deux heures ; toutes les habitations du mamelon sont traversées plusieurs fois et l'interprète est tué d'un éclat d'obus.

Des effets produits par ce bombardement, il ressortait clairement, étant donnée la position de la batterie ennemie, que le cantonnement seul de la 1re compagnie était encore habitable. L'ambulance, l'artillerie et le génie, qui étaient allés s'y loger, n'avaient donc pas à changer de place. Quant à la 2e compagnie, elle ne pouvait rester où elle était ; comme ses postes de nuit, rapprochés de la face ouest, sont abrités par l'obstacle du parapet, ordre est donné à la 2e com-pagnie d'adopter pour le jour et la nuit les em-placements habituels de nuit.

Pour les artilleurs du mamelon, le poste et les officiers de l'état-major, des trous sont creusés dans la grande cour de la pagode.

Les tirailleurs tonkinois exécutent également de profondes tranchées et profitent de la terre qui en provient pour renforcer leur parapet.

Dans la matinée, le capitaine Dia, des tirail-leurs tonkinois, qui d'un emplacement de sen-

tinelle reconnaissait les travaux de l'ennemi,
est tué d'une balle au front. M. le lieutenant
Goullet prend le commandement des tirailleurs
tonkinois; M. le sous-lieutenant Hérold, de la
légion est détaché le jour même aux tirailleurs
tonkinois.

18 février.

Les Chinois ont accumulé les matériaux (palanques, bottes de paille) entre la haie de bambous en face de la demi-lune; ils ont construit
un petit fortin contre cette haie; il y a lieu de
s'attendre encore à les voir diriger une galerie
souterraine contre la demi-lune ouest. Du côté
des tirailleurs tonkinois, les Chinois commencent à cheminer. Pendant la nuit, on a très peu
entendu de travail souterrain.

A six heures et demie du matin, le sergent
Bobillot, chef du service du génie, est blessé
grièvement en faisant une ronde; le caporal
Gacheux, du génie, le remplace comme chef de
service.

Continuation du bombardement; grâce aux
mesures de précaution prises, aucun homme
n'est atteint; le matériel seul souffre et trois
grosses barriques de vin sont enfoncées par un
obus de 12. Dans la journée, on achève de re-
couvrir avec des sacs de farine, de riz et de
légumes toutes les barriques de tafia et de vin.

Travail exécuté : continuation des contre-galeries ; aménagement défensif de la partie de la grande rampe utilisée pour le retranchement intérieur.

19 février.

Toute la nuit, l'ennemi fait une fusillade très nourrie accompagnée de grands cris et de sons de corne et de trompette ; on entend très peu son travail souterrain. Au point du jour, on s'aperçoit que les trous creusés en avant de la face sud ont été reliés par un boyau de communication à la grande tranchée ouverte.

Continuation du bombardement qui jusqu'à présent se fait assez régulièrement dans le milieu de la journée. L'artillerie ennemie est contre-battue par la nôtre.

Travail exécuté : contre-galeries et aménagement défensif du retranchement déja existant à mi-côte du mamelon.

20 février.

Dans la soirée du 19, les Chinois exécutent sur la citadelle un bombardement qui dure 45 minutes. A ce bombardement prennent part les fusils en avant de la face ouest et des demi-faces adjacentes sud et nord, les canons de rempart, les canons de 4, de 12 c. et les mortiers. Tout ce bruit avait sans doute pour but d'empêcher d'entendre leur travail : car le lendemain matin on s'aperçoit que de fortes palissades ont été plantées en avant de celles existant déjà au saillant sud-ouest et à la demi-lune ouest.

Les munitions ne paraissent plus en sûreté dans le magasin du mamelon ; plusieurs petits dépôts sont installés dans les communications défilées.

Travail exécuté : continuation des contre-galeries et de la tranchée circulaire du mamelon.

21 février.

Le 20 au soir, les Chinois exécutent encore un bombardement de la citadelle ; un obus de 4 traverse le mirador de la porte du sud et blesse légèrement un des hommes de garde.

Dans la nuit du 20 au 21, l'ennemi perfectionne son retranchement sur le mamelon qui domine à 50 mètres la partie sud de la face ouest ; il y organise des créneaux couverts d'où il plonge à l'intérieur de la citadelle à 20 mètres en arrière de la face ; à sept heures du matin, un légionnaire de garde à la porte sud est atteint d'une balle venant de ce mamelon. Notre artillerie cherche à renverser ce retranchement ; mais, comme il est mal vu du mamelon de la citadelle, elle n'y parvient qu'en partie.

A 4 heures de l'après-midi, le caporal du génie rend compte que l'ennemi travaille activement à une galerie dirigée sur la droite (droite par rapport à nous) de la brèche du saillant sud-ouest et qu'il faut s'attendre pour le lendemain à une explosion de mine, celle de la droite de la brèche et celle de la galerie n° 1.

Le commandant du poste renouvelle alors les recommandations déjà faites et insiste surtout sur ce point qu'il ne faut pas couronner la brèche immédiatement après l'explosion de la mine, mais que notre mouvement en avant doit correspondre à un mouvement semblable de l'adversaire ; ce mouvement sera annoncé par des sentinelles qu'il faudra placer sur la brèche pendant que la troupe restera en arrière, en position d'attente.

Travail exécuté dans la journée : Continuation de la tranchée circulaire du mamelon.

22 février.

Le 21 février, à huit heures du soir, les Chinois recommencent le bombardement de la citadelle et particulièrement du mamelon, où trois hommes de garde sont légèrement atteints par les éclats d'un obus de 12.

Le 22, à six heures un quart, les Chinois rassemblés dans la place d'armes et dans la tranchée couverte poussent de grands cris. En prévision d'une explosion prochaine, le capitaine Cattelin, commandant le détachement de la légion, fait descendre du parapet les factionnaires du saillant ouest.

En effet, quelques moments après, la mine de la droite de la brèche, annoncée la veille par le caporal du génie, sautait.

Comme l'ordre en avait été donné, la demi-section chargée de couronner la brèche se disposait en arrière dans une position d'attente. Mais tout à coup les cris des Chinois se font entendre à faible distance et un drapeau chinois paraît sur la brèche. Le capitaine Moulinay, emporté par son ardeur, entraîne la demi-section et garnit la brèche ; les travailleurs suivent aussitôt.

Devant ce mouvement, les Chinois qui étaient sortis de la tranchée y rentrent vivement. Mais le capitaine Moulinay n'était pas sur la brèche depuis quelques minutes, qu'une explosion inattendue se fait entendre. C'était une deuxième mine creusée à l'autre extrémité de la brèche déjà ouverte, laquelle avait pu être établie sans que nos sapeurs s'en aperçussent, grâce probablement à un terrain déjà ameubli par les explosions précédentes. Cette deuxième explosion, dirigée en partie sur le terrain déjà bouleversé par la première, nous coûte les pertes les plus sensibles : 12 tués, parmi lesquels le capitaine Moulinay, et une vingtaine de blessés, parmi lesquels M. le sous-lieutenant Vincent. Mais rien ne peut émouvoir les hommes de la légion ; une section de la 2ᵉ compagnie vient remplacer la demi-section de piquet et garde les deux ouvertures faites au saillant.

Cette section n'était pas plutôt en place qu'une troisième mine faisait explosion ; celle de la galerie nᵒ 1.

Sans le moindre trouble, une demi-section de la réserve générale (1ʳᵉ compagnie) se dispose en arrière de la 3ᵉ ouverture.

A ce moment, l'ennemi fait une tentative d'assaut général. Avertis par les sentinelles, les groupes disposés en arrière des brèches les garnissent et, sous leur feu, les Chinois qui avaient quitté la tranchée la regagnent précipitamment, laissant leurs morts sur le terrain. Cette tentative repoussée, nous nous reportons en arrière, les sentinelles seules sont laissées sur les brèches.

Le travail est alors entamé simultanément sur les trois brèches qui, au bout de deux heures, sont déjà couronnées d'un retranchement provisoire.

Pendant l'explosion des mines de la face ouest, l'ennemi avait fait une démonstration contre la face nord ; en même temps, un fort groupe s'était glissé par le pied de la berge du fleuve et avait cherché à atteindre la haie de bambous.

De la demi-lune nord, la 1re compagnie disperse par ses feux les groupes qui s'avancent directement contre la face nord.

Cette compagnie contribue ensuite, avec l'artillerie du mamelon, à éteindre les feux des tireurs du petit mamelon du saillant nord-ouest, feux qui étaient excessivement gênants pour nos travailleurs.

Quant au groupe venu par la grève, il est dispersé par le canon de la *Mitrailleuse* qui a été prendre son poste de combat au milieu de la Rivière Claire.

Dans la journée, on travaille activement à améliorer les retranchements des brèches.

23 février.

Pendant la nuit du 22 au 23, les travailleurs sont occupés à faire un chemin couvert entre la demi-lune sud et le saillant sud-ouest ; l'exécution de ce chemin est urgente, à cause des feux que donne le mamelon (dit Brûlé) et le petit mamelon du saillant nord-ouest sur les abords forcément très fréquentés du saillant sud-ouest.

Ce travail est ralenti par un feu très vif que les Chinois dirigent toute la nuit sur la citadelle.

Dans la journée du 23, on améliore les retranchements des brèches, mais on n'a pas le temps de constituer partout l'obstacle. On continue le travail du chemin couvert conduisant de la demi-lune sud au saillant sud-ouest.

24 février.

Dans la soirée du 23, on remarque un grand mouvement de troupes chinoises dans les tranchées qui avoisinent le saillant sud-ouest. Vers neuf heures du soir, l'artillerie chinoise ouvre le feu, et, à partir de dix heures et demie, une fusillade très vive part des positions chinoises autour du saillant nord - ouest ; ils allument un grand feu dans cette direction et renouvellent fréquemment leur fusillade, afin d'attirer l'attention de ce côté. A 4 h. 45 du matin, à la faveur du bruit qu'ils produisent et à la faveur de l'obscurité, un groupe assez fort de Chinois a réussi à se rassembler sans être vu ni entendu au pied des retranchements des brèches, dont les obstacles ne sont pas encore terminés. Se présentant à la fois sur un développement de crête d'une trentaine de mètres, ils parviennent à percer cette ligne en quatre points. Dès que l'alerte ést donnée, le sergent-major Hurbaud, commandant le piquet (3 escouades), se lance très bravement avec une escouade contre les Chinois qui ont déjà pénétré dans la citadelle, mais il est blessé et l'escouade recule. En même temps, le sergent Thèvenet cherche à former les deux autres escouades pour les porter sur la brèche, mais il est également blessé et les trois escouades restent derrière leur abri, d'où elles engagent avec les Chinois une fusillade de pied ferme.

Le capitaine Cattelin arrive à ce moment sur le terrain de la lutte, avec la section de réserve générale de la 2ᵉ compagnie ; il fait donner la charge et pousse droit aux brèches à la baïonnette. Les Chinois s'enfuient précipitamment ; 4 d'entre eux restent dans la citadelle avec 2 grands drapeaux, 3 autres sont tués sur la brèche, d'autres encore tués dans le fossé. Cette action terminée, les postes habituels sont repris.

Dans la journée, les travailleurs sont occupés à achever la communication défilée de la demi-lune sud au saillant sud-ouest ; les coolies font une palissade de bambous en arrière des retranchements des brèches pour rendre ces retranchements infranchissables.

D'après les observations faites par le caporal du génie, l'ennemi travaille à 5 galeries de mine ; 2 embrassant la brèche prolongée du saillant sud-ouest, une sur la face sud entre la demi-lune sud et le saillant sud-ouest ; une 4°, à côté de celle qui a sauté la dernière, sur la face ouest ; enfin, une 5° à la demi-lune ouest.

Dans la journée du 24, les tirailleurs tonkinois construisent une grande ligne retranchée en terre et palanques, sur la rive gauche du ravin qui les sépare de la citadelle. Cette ligne prolonge la face sud de la citadelle. Dans le cas où les tirailleurs tonkinois seraient forcés d'évacuer leur cantonnement, cette ligne, défendue par un poste, assurerait la prise d'eau du côté sud, comme la *Mitrailleuse* l'assure déjà du côté nord.

En vue d'une explosion prochaine à la demi-lune ouest, la porte de cette demi-lune, qui servait d'abri à une demi-section de garde et à une demi-section de la réserve générale de la 2° compagnie (depuis le commencement du bombardement par l'artillerie chinoise), est évacuée. Ces deux groupes sont placés à l'ancienne baraque de l'artillerie, et la section de réserve générale de la 1re compagnie, qui occupait cette baraque, est installée en arrière de la cible chinoise.

25 février.

A quatre heures quarante-cinq du matin, le factionnaire du saillant signale un rassemblement de Chinois, dans le grand chemin couvert.

Quelques moments après, la mine préparée par les Chinois, à gauche du saillant sud-ouest, saute. Elle prolonge la brèche déjà existante d'une dizaine de mètres. Comme l'ordre en a été donné, le piquet se dispose en arrière de cette brèche et les travailleurs attendent formés plus en arrière.

La section de réserve générale de la 1re compagnie se forme à droite du piquet. Au moment même où ce mouvement s'exécute, les Chinois donnent l'assaut à la brèche de droite de la face ouest ; déjà ils en ont atteint la crête et leurs feux plongent dans l'intérieur de la citadelle ; cette attaque est vivement repoussée par la section de réserve générale de la deuxième compagnie ; les Chinois sont rejetés dans le fossé où ils sont fusillés par les défenseurs de la demi-lune ouest. On attend encore une demi-heure, et lorsqu'il est constaté que l'adversaire a abandonné les tranchées, l'ordre est donné par le commandant du poste de commencer le travail d'organisation de la brèche.

Dans la journée même ce travail est terminé et un obstacle est reconstitué ; mais il n'y a plus de flanquement, et l'adversaire peut se rassembler sans être vu au pied des brèches.

La construction du retranchement intérieur est reprise dans l'après-midi.

Comme la veille, ordre est donné de ne pas

laisser de sentinelles fixes sur les points où il peut se produire une explosion de mine ; ces sentinelles doivent être placées au pied du parapet, monter de temps en temps sur la banquette et tirer.

26 février.

La nuit du 25 au 26 se passe assez tranquillement ; nos travailleurs continuent l'organisation du retranchement intérieur. A 2 heures du matin, l'on entend dans les tranchées chinoises un petit bruit de sonnettes ; des lumières, qui circulent dans ces tranchées, semblent indiquer un rassemblement ; quelques moments après, une fusillade assez vive s'ouvre contre la face sud, mais elle est de courte durée.

A partir de huit heures du matin, l'ennemi entretient sur ses positions un tir lent de fusils et de canons de rempart.

Travail exécuté : organisation du retranchement intérieur.

27 février.

Toute la nuit du 26 au 27, les factionnaires de l'ennemi ne cessent de tirailler ; un canon de rempart installé en face de la brèche du saillant sud-ouest lance de la ferraille mélangée de pierres.

L'ennemi continue ses galeries de mine, mais son travail semble peu avancer ; il gagne une vingtaine de mètres en sape contre les tirailleurs tonkinois.

Dans la journée, il remonte son canon de 4, et plusieurs projectiles de cette pièce atteignent le mamelon de la citadelle. Son feu est éteint par notre artillerie.

Travail exécuté : organisation du retranchement intérieur.

28 février.

Dès le 27 au soir, à la tombée de la nuit, les travailleurs sont occupés à faire un petit retranchement intérieur vis-à-vis de la brèche du milieu de la demi-face sud de la face ouest. Ce retranchement a pour but d'abriter des feux du mamelon Brûlé et du mamelon du nord-ouest, le groupe chargé de surveiller les brèches pouvant se produire sur cette demi-face. Le retranchement est relié par une communication défilée avec l'abri du piquet de la 2ᵉ compagnie.

Dès dix heures du soir, le bombardement par la pièce de 4 recommence.

A onze heures et demie du soir, la mine du milieu de la face sud saute ; elle fait une brèche de 10 mètres et lance à 60 mètres de distance des masses énormes de maçonnerie et de terre. Les

Chinois s'étaient massés en grand nombre au pied des brèches des 12, 13, 22 et 25 février.

Dès que l'explosion s'est produite, ils s'élancent à l'assaut avec furie. M. le sous-lieutenant Proye, qui commande le piquet (3 escouades de la 2e compagnie), le lance aux brèches de gauche (2e brèche du 22 février, brèche du 25 et arrondissement du saillant).

Le capitaine Cattelin, qui arrive en ce moment de l'ancien baraquement de l'artillerie avec une demi-section de la réserve générale de la 2e compagnie, la lance contre les brèches de droite (brèche du 12 février, 1re et 3e brèches du 22 février).

L'autre demi-section de la réserve générale de la 2e compagnie arrive de la porte sud avec le lieutenant Naert. Une escouade de cette demi-section va renforcer le piquet à l'arrondissement du saillant, où le combat est particulièrement vif; l'autre escouade est employée à surveiller la brèche qui vient de se produire sur la face sud; les Chinois n'ont probablement fait sauter une mine de ce côté que pour nous y attirer; car ils ne cherchent pas à donner l'assaut par la nouvelle brèche et tous leurs efforts se réunissent contre les anciennes.

Pendant près de 30 minutes, le combat se maintient à bout portant sur les brèches, les combattants n'étant séparés que par la palissade

de bambous dont elles sont couronnées. Les Chinois essayent d'y planter successivement trois drapeaux qui sont immédiatement enlevés par nos légionnaires. Ils finissent par quitter le sommet des brèches pour se mettre à l'abri dans l'angle mort des entonnoirs. De là, ils lancent des pétards et des sachets de poudre à la figure des défenseurs.

Quelques moments après, ils renouvellent leur attaque; rejetés encore une fois au pied des brèches par notre feu, ils ne se découragent pas et, pendant une heure et demie, ils ne cessent de tenter de nouveaux assauts.

Pendant que ces attaques furieuses sont dirigées sur notre saillant sud-ouest, une démonstration est faite contre la face nord et une autre contre les tirailleurs tonkinois; ces deux tentatives sont repoussées par les fractions de troupe attachées à la défense de ces points et grâce aussi au feu de l'artillerie du mamelon.

La lutte se termine vers 3 heures du matin; les Chinois abandonnent le pied des brèches où ils laissent une quarantaine de morts avec leurs armes.

A partir de ce moment, les travailleurs élèvent un retranchement rapide avec palissade en bambous sur la nouvelle brèche. Le piquet du saillant, renforcé d'une demi-section, assure le service de garde dans cette partie de l'enceinte et les autres troupes rentrent au cantonnement.

La journée est employée par les travailleurs à améliorer et réparer les retranchements des brèches.

L'affaire du 28 février nous coûte 3 tués et 9 blessés, parmi lesquels M. le sous-lieutenant Proye, de la 1re compagnie.

A huit heures du soir, la colonne qui vient débloquer Tuyen-Quan annonce son approche par des fusées qui sont très bien vues de la citadelle.

1er mars.

Nuit et journée assez calmes; l'artillerie de l'adversaire ne se fait plus entendre, bien qu'il ait refait les embrasures détruites par notre canon de 80 millimètres. Un emplacement de batterie a été préparé contre les Tonkinois; cette batterie est dans une situation telle qu'elle ne peut être contre-battue par notre artillerie du mamelon.

Le cheminement des Chinois contre les tirailleurs tonkinois continue; outre la sape qui suit la route et se dirige sur la face sud du cantonnement, ils en ont ouvert une seconde qui s'avance contre la face ouest. A sept heures et à neuf heures du matin, des fusées sont aperçues dans la direction de Yuoc.

Continuation du retranchement intérieur

2 mars.

Fusillade entretenue nuit et jour ; aucun incident important à Tuyen-Quan.

Toute l'après-midi, on entend la canonnade et la fusillade dans la direction de Yuoc.

Une communication défilée est établie entre la citadelle et les tirailleurs tonkinois.

3 mars.

Une fusillade assez vive est dirigée toute la nuit contre la citadelle ; vers 4 heures du matin, cette fusillade cesse presque entièrement. La canonnade que l'on a entendue la veille du côté de Yuoc annonçant l'approche de la colonne qui vient débloquer Tuyen-Quan, il y a lieu de supposer que les Chinois se sont retirés ; une patrouille de Tonkinois est envoyée au retranchement le plus avancé, qu'elle trouve évacué. Le 1er mouvement de terrain en avant de la face sud est alors occupé par une section de tirailleurs tonkinois, et une section de légionnaires est appelée pour former réserve.

De ce premier mouvement de terrain, une patrouille est envoyée au village qui est également trouvé abandonné ; un poste de tirailleurs tonkinois est établi sur la rivière sud du village.

En même temps, pour nous prolonger sur la face ouest, une demi-section de Tonkinois, commandée par le sergent André, de la légion, gagne le saillant sud-ouest par une des tranchées de l'adversaire ; elle trouve au saillant quelques Chinois qui sont tués ; de là, elle se porte sur le mamelon Brûlé qu'elle occupe.

Dans une chambre souterraine se sont retirés quelques Chinois, qui se défendent en désespérés. En voulant y pénétrer directement, les Tonkinois ont un homme tué et un blessé. La section de la légion qui forme réserve arrive aussitôt conduite par le capitaine de Borelli, commandant de la compagnie à laquelle appartient cette section ; un des légionnaires voulant aller droit aux Chinois est tué. Le capitaine de Borelli fait alors boucher la sortie et tous les créneaux de la casemate avec de la paille humide et fait ensuite enfoncer la toiture. On parvient ainsi à atteindre cinq Chinois qui meurent les armes à la main, sans vouloir se rendre.

Vers dix heures du matin passent successivement, à 3,500 mètres de la place, deux colonnes chinoises se rendant de Dong-Yen à Yla, la première forte environ d'un millier d'hommes, et

la deuxième, de 600. Plusieurs coups de 80 millimètres forcent ces colonnes à rompre leur
ordre de marche.

A deux heures de l'après-midi, le général en
chef, avec la brigade Giovaninelli, arrive à
Tuyen-Quan.

Tuyen-Quan, 4 mars 1885.

Le commandant du poste,

Signé : E. DOMINÉ

Pertes : tués, 33 ; blessés, 76.

Paris et Limoges. — Impr. militaire H. Charles-Lavauzelle.

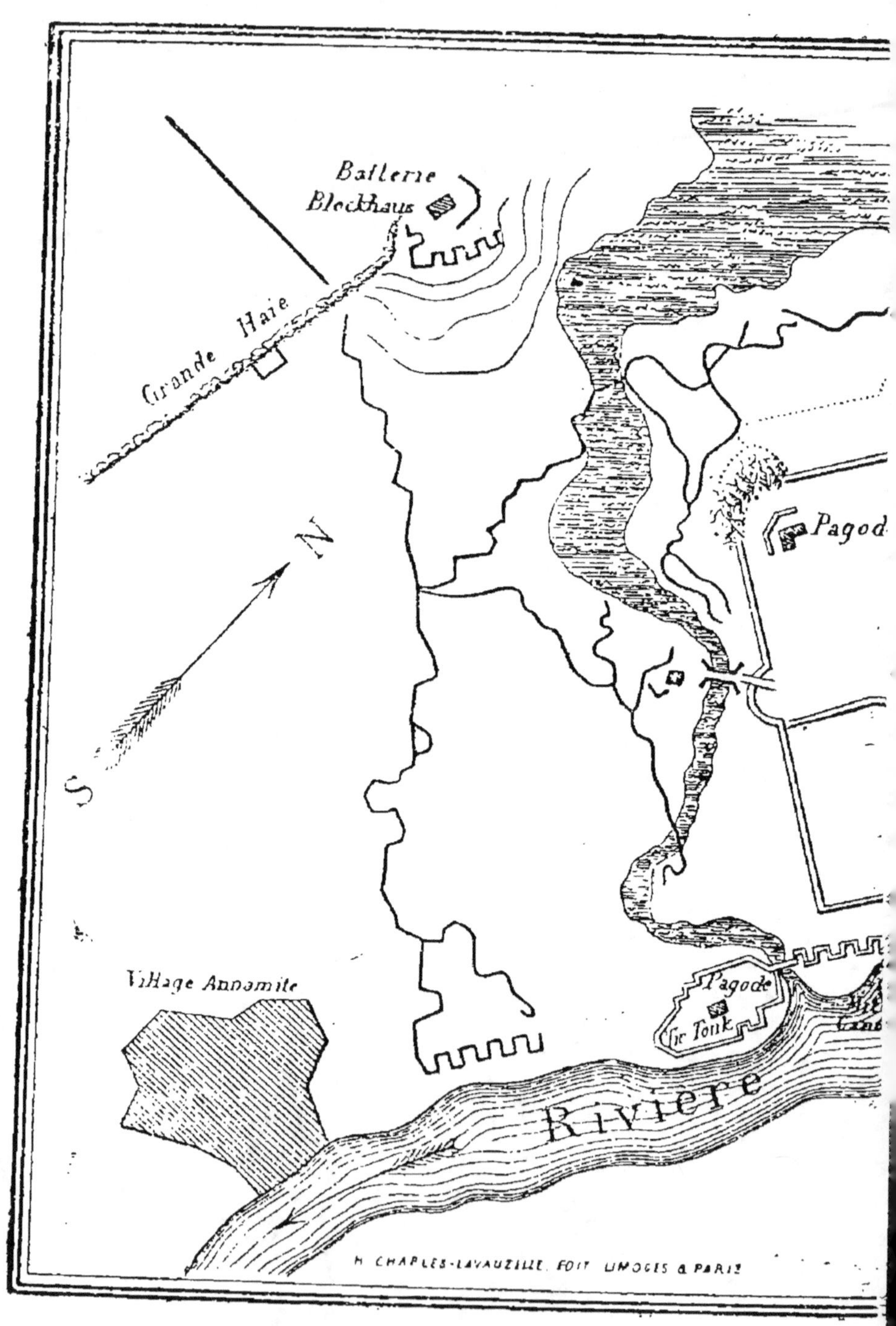

Batterie
Blockhaus
Grande Haie
N
S
Pagode
Village Annamite
Pagode
Tir Tonk
Rivière
H. CHARLES-LAVAUZELLE, ÉDIT. LIMOGES & PARIS

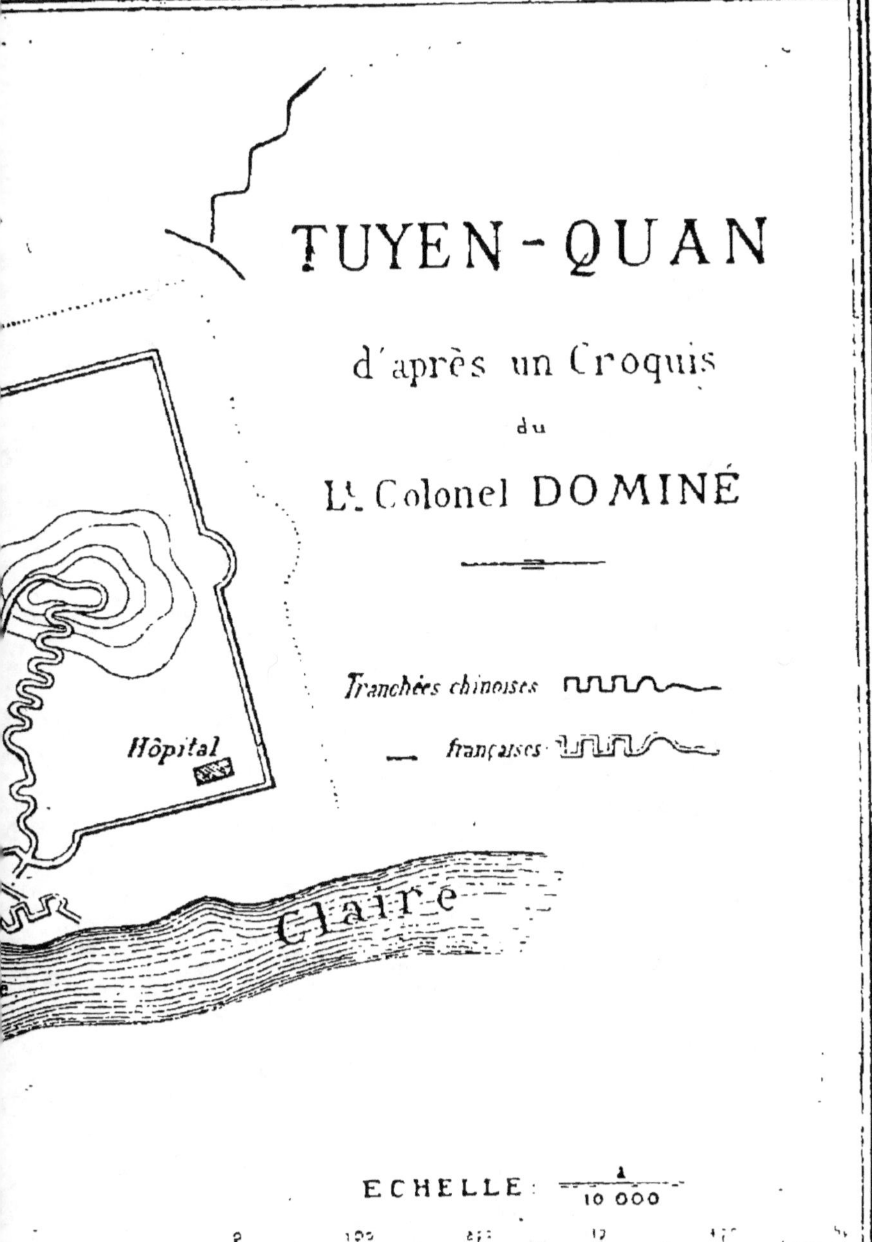

TUYEN-QUAN
d'après un Croquis
du
Lt Colonel DOMINÉ
Tranchées chinoises
françaises
Hôpital
Claire
ECHELLE: 1/10 000

Librairie Militaire

Henri CHARLES-LAVAUZELLE

PARIS ET LIMOGES

PETITE BIBLIOTHÈQUE

DE

L'ARMÉE FRANÇAISE

Honorée d'une souscription de 22,000 exemplaires
du ministère de la Guerre

*Et d'une médaille d'or de la Société d'instruction
et d'éducation de France.*

SÉRIE DE VOLUMES IN-32, D'ENVIRON 128 PAGES.

Broché, 0,30 et 0,35 franco.

Relié toile anglaise gaufrée et dorée, 0,60.

L'Armée allemande, son histoire, son organisation
actuelle. — Vol. de 128 pages, 3ᵉ édition.

L'Armée suisse, son histoire, son organisation actuelle, par HEUMANN, capitaine instructeur à l'Ecole
de Saint-Cyr, I. P. ✿ — Volume de 136 pages.

L'Armée russe. — Tome 1ᵉʳ : Organisation générale;
— règlement d'infanterie; service en campagne; —
travaux de campagne. — Vol. de 96 pages, orné de
figures.

L'Armée belge, composition, recrutement, mobilisa-
tion, écoles militaires, institut cartographique, armement, manufacture d'armes de Liège, régime inté-

rieur, alimentation, uniformes, système défensif. — 1 vol. de 96 pages.

L'Armée anglaise, histoire et organisation actuelle, par A. GARÇON. — Volume de 146 pages.

La marine anglaise, histoire, composition, organisation actuelle, par A. GARÇON. — Vol. de 96 pages.

Lieutenant-colonel DOMINÉ. — Journal du siège de Tuyen-Quan (23 novembre 1884, 3 mars 1885). — Volume de 102 pages.

Étude militaire sur l'Égypte, campagne des Anglais en 1882. — Volume de 32 pages sur fort papier vélin.

Précis de la Guerre du Pacifique (entre le Chili d'une part, le Pérou et la Bolivie de l'autre.) — Vol. de 72 pages, suivi d'une carte planimétrique de la côte du Pacifique et d'un plan des principales batailles.

L'éducation et la discipline militaires chez les anciens, par Marcel POULLIN. — 1 vol. de 114 pages.

Étude sur le tir des armes portatives (en France et à l'étranger.) — Méthode d'instruction. — Pratique du tir. — Tir de guerre. — 1 vol. de 88 pages, orné de 43 gravures, 2e édition.

Rôle, organisation, attaque et défense des places fortes. — Vol. de 112 pages avec figures.

Manuel d'instruction militaire, par un officier général. Vol. de 160 pages, orné de 27 gravures.

Guide du sous-officier et du caporal d'infanterie sur la place d'exercice, en terrain varié et sur le champ de bataille. Manuel rédigé en vue de répondre aux questions ci-après des programmes annexés à la circulaire du 3 septembre 1882, savoir : 1° Principes de discipline et d'éducation morale; 2° Ecole de guides à l'Ecole de compagnie et à l'Ecole de bataillon; — 3° Fonctions des caporaux dans la colonne de route; — 4° Place et fonctions des caporaux et sous-officiers dans les revues et défilés; — Rôle et devoirs des caporaux et des sous-officiers dans le combat en ordre dispersé (2ᵉ partie de l'Ecole do compagnie). — Vol. de 128 pages (2e édition).

Cours de topographie, à l'usage des officiers et sous-officiers, rédigé conformément aux programmes officiels du 30 septembre 1874, par A. LAPLAICHE, professeur à la Société de topographie de France, membre de la Société française de physique, de la Société nationale de topographie pratique, etc., ancien professeur de l'Université. — 2 volumes in-32 (4ᵉ édition).

Le 1ᵉʳ de 120 pages, orné de 140 figures; le 2e do 128 pages, orné de 66 figures.

es outils du pionnier d'infanterie, d'après l'instruction ministérielle du 8 août 1880, complétée et rectifiée à l'aide des documents officiels les plus récents sur le port, le chargement, l'entretien et l'emploi des outils. — 25 figures intercalées dans le texte. — Volume de 84 pages.

Les cartouches et le caisson d'infanterie, suivi d'une instruction pour le ravitaillement des munitions sur le champ de bataille, avec figures. — Volume de 100 pages.

l es travaux de campagne, guide théorique et pratique du pionnier d'infanterie, d'après les cours professés à l'Ecole des travaux de campagne et les ouvrages les plus autorisés publiés à l'étranger. — Tome 1ᵉʳ, partie théorique, 140 pages, avec 63 gravures.

Notions sur la viande fraiche (destinée à la troupe) :

TOME I. — Généralité sur l'alimentation; achat de la viande sur pied; connaissances professionnelles. Volume in-32 de 92 pages, orné de nombreuses gravures;

TOME II. — Marchés; abattoirs; boucheries; distributions; espèces de viande; transport et entretien du bétail. — Volume de 96 pages, avec gravures.

Code-Manuel des réquisitions militaires, textes officiels annotés et mis à jour par de L..., licencié en droit, et l'intendant militaire A. T... — 3 volume in-32.

Tome Ier. — Exposé des principes. — Textes de la loi du 3 juillet 1877 et du règlement du 2 août 1877, avec notes et commentaires. — Volume in-32 de 112 pages.

Tome II. — Recencement et réquisition des chevaux et voitures. — Volume in-32 de 96 pages.

Tome III. — Guide pratique des diverses autorités et commissions pour l'application de la loi du 3 juillet 1877. — Formules et modèles. — Volume in-32 de 96 pages.

Conditions civile et politique des militaires. (Recueil complet des lois, décrets, ordonnances, instructions, décisions et dispositions diverses actuellement en vigueur et relative aux). — 2 vol. in-32 de 128 pages.

Recueil complet avec notes et commentaires des lois, décrets, circulaires, décisions et instructions ministérielles en vigueur, établissant les droits des **sous-officiers** en matière de rengagement et de mariage, retraite et admission aux emplois civils. — Vol. de 140 pages

Droits et devoirs du soldat de l'armée active, de la réserve et de l'armée territoriale d'après les lois, décrets et règlements les plus récents (1863), par A. DE LA VILLATTE, lieutenant-colonel du 4e régiment d'infanterie, officier d'académie. Ouvrage adopté par le ministère de l'instruction publique pour les bibliothèques scolaires et populaires. 2e édition entièrement refondue et mise au courant jusqu'en avril 1885. — Volume de 96 pages.

Résumé des dispositions législatives et administratives concernant les sous-officiers rengagés et commissionnés. — Vol. in-32 de 112 pages,

Décret du 18 juin 1884 portant règlement sur la

concession des **Congés et Permissions**. — Volume in-32 de 64 pages, avec modèles.

Décret du 24 avril 1884 sur la comptabilité des corps de troupe en campagne. — Volume in-32 de 88 pages avec modèles (*broché et relié*).

Chants militaires (chansons de route et refrains du bivouac), par le capitaine DU FRESNEL, du 62ᵉ de ligne. — 1 volume in-32 de 56 pages.

Historique du 2ᵉ régiment d'infanterie. — Amérique, 1779-1783. — Fleurus, 1794. Neuwied, 1797. — Zurich, 1799. — Gênes, 1800. — Friedland, 1807. — Essling, Wagram, 1809. — Polotsk, 1812, — Fleurus, 1815. — Espagne, 1829. — Algérie, 1842-1848. — Italie, 1859. — Volume de 123 pages (*broché et relié*).

Historique du 56ᵉ de ligne, rédigé par le capitaine TELMAT. — Volume de 120 pages (*broché et relié.*)

Historique du 62ᵉ de ligne, rédigé d'après les ordres du colonel PRÉVOT, commandant le régiment, par une commission composée de : MM. LACOMBE, chef de bataillon, président ; RAYNAUD, capitaine ; GUÉRIN, capitaine ; DU FRESNEL, capitaine, secrétaire ; GAILLARD, sous-lieutenant. — Volume in-32 de 96 pages.

Historique du 3ᵉ régiment du génie, publié avec autorisation du Ministre de la guerre; 3 volumes.

LA COLLECTION COMPRENDRA 300 VOLUMES

MODE DE SOUSCRIPTION. — Chaque volume de la *Petite Bibliothèque de l'Armée française*, ne coûtant que 0,30 0,35 *franco* par la poste), il importe au plus haut point d'éviter des frais supplémentaires de correspondance.

On peut y souscrire en adressant à l'Éditeur une liste des ouvrages choisis ou une demande de 20, 30, 40 volumes (à expédier au fur et à mesure qu'ils paraîtront), accompagnée du mandat postal représentant leur prix à raison de 0,35 centimes l'un.

MM. les Officiers désireux ne venir en aide à notre Comité d'étude et de rédaction sont priés de nous faire connaître le sujet qu'ils sont décidés à traiter, aussitôt que leur choix sera définitivement arrêté.

Les manuscrits écrits lisiblement, et au RECTO SEULE-MENT, *devront être adressés a l'Editeur comme papiers d'affaires recommandés.*

* 9 7 8 2 0 1 3 7 1 5 2 3 2 *